大
方
sight

孤独与团结

加缪访谈录

△ G O R △

法兰**西**文艺访谈**录**系列

张**博** 主编

[法] **阿**尔贝·**加缪**　著

张博 编译

SOLITUDE ET SOLIDARITÉ
ENTRETIENS

中信出版集团 | 北京

图书在版编目（CIP）数据

孤独与团结：加缪访谈录 / （法）阿尔贝·加缪著；
张博编译 . -- 北京：中信出版社，2024.1
（法兰西文艺访谈录）
ISBN 978-7-5217-6049-1

I. ①孤… II. ①阿… ②张… III. ①加缪 (Camus,
Albert 1913—1960) —访问记 IV. ① K835.655.6

中国国家版本馆 CIP 数据核字 (2023) 第 197673 号

孤独与团结：加缪访谈录
著者： ［法］阿尔贝·加缪
编译者： 张 博
出版发行：中信出版集团股份有限公司
（北京市朝阳区东三环北路 27 号嘉铭中心 邮编 100020）
承印者： 河北鹏润印刷有限公司

开本：880mm×1230mm 1/32 印张：10 字数：183 千字
版次：2024 年 1 月第 1 版 印次：2024 年 1 月第 1 次印刷
书号：ISBN 978-7-5217-6049-1
定价：55.00 元

总序
露天广场中的对话

　　对话，是古希腊文化的核心要素之一，从苏格拉底开始，对话便成为古希腊人逻辑思辨、去伪存真的根本手段。古希腊的整个公民社会，也都建立在对话的基础之上，对话由此成为希腊精神的活力之源。而古希腊公民畅所欲言之所，便是雅典的露天广场，人们在那里讨论政治、经济、文化、宗教等各类话题。人人各抒己见、据理力争，并最终达成共识、形成决议。露天广场是城邦社会政治秩序的最佳体现，并由此成为公共空间的经典象征。这一传统也被古罗马人继承了下来，如今罗马城中宽阔静谧的广场遗迹，依然能令人怀想起昔年人声鼎沸时的激昂活力。在古希腊语中，露天广场被称作"ἀγορά"（转写作 agorá）。在法语、英语、西班牙语、意大利语等诸多欧洲语言中，"agora"一词得到了普遍沿用。至于在拉丁语中，这种集会广场则被命名为"forum"，这个词发展到今天，常常用来表示"论坛、研讨会、座谈会"，其中依然可以看到对话精神的遗存。

今天，之所以用"agora"作为总题编订一套全新的丛书，立意便在于，以露天广场为象征，构建一个畅所欲言的交流空间，让不同的声音都能在此拥有一席之地，以古希腊式的对话精神开启一场自由的精神历险。在丛书的第一辑中，我选择了六本对话录，它们分别是：

《即兴记忆：克洛岱尔访谈录》

《闲谈，沉睡的访谈：马蒂斯访谈录》

《我的真相：柯莱特访谈录》

《爆破边界：杜尚访谈录》

《不屈的历险：布勒东访谈录》

《孤独与团结：加缪访谈录》

六本访谈录，六位受访对象。无一不是法国现代文艺界的扛鼎人物。具体而言，克洛岱尔身兼作家与外交官的双重身份，晚清时曾在中国工作过十五年，诗歌及戏剧创作也在法国名噪一时；马蒂斯作为野兽派的代表，为绘画的色彩、构图、线条使用带来了巨大的突破，再一次激发了绘画的生命力；柯莱特，波伏娃之前法国文坛最有分量的女作家，她我行我素的生活与独树一帜的创作早已成为独立女性的最佳表征；杜尚，艺术史中最惊人的颠覆者，用独属于他的方式突破视网膜霸权，打开了全新的艺术空间；布勒东，超现实主义的"教皇",一手引领着这个20世纪上半叶最具活力的文艺思潮；加缪，荒诞世界中的反抗者，在严寒中寻找一条通向阳光与生命的道路。每一本访谈背后，都跃动着独一无二的鲜活人生，以对话体的方式直抒胸臆地呈现着他们的所思所感，体现着各自鲜明的性格特征。

与此同时，各本访谈之间同样可以形成隐秘的对话。杜尚承认，他之所以在年轻时走上艺术道路，观看马蒂斯的画作起到了至关重要的作用。谈起自己在朱利安学院求学的往事时，杜尚说自己总是"去打台球而不是去画室"，但并没有交代其中的因由，令读者感觉此人颇为疏狂散漫。而马蒂斯在访谈中恰好详细回忆了他在朱利安学院的求学经历，他毫不留情地指出："在朱利安学院，我面前都是一些表现裸体男性或女性的绘画，手法完美，却空洞无物，完完全全、彻彻底底的空洞无物——只有一套程序而已。我觉得自己没有任何理由去画这些东西。为了做出这些东西，我看不出自己能够跨出第一步。"马蒂斯的论述，为我们填补了杜尚没有说出的内容，让我们理解了他去打台球的真实原因。杜尚在访谈中数十次提及好友布勒东，甚至颇为傲娇地说道："我不明白布勒东为什么不联系我……只要他能够努力迈出一步，我就会立刻回应。"令人忍俊不禁。而在布勒东的访谈中，杜尚也是被他频繁引述的艺术家之典范。这些对话见证了一段友谊。谈到与自己发生龃龉的加缪时，布勒东会说："尽管我们近来有所争执，但我还是得说，回过头来看，阿尔贝·加缪当时在《战斗报》上发表的那些文章是多么振聋发聩、直击人心。"而在加缪看来："我恐怕我们这些作家之间的争吵并没有那么重要……当一个具体时机来临之际，他们将再一次被迫集合。那么他们之间的差异还有什么大不了呢？我们并不要求他们相爱——他们常常并不可爱。我们要求他们坚持下去。而且，正是利用各种差异，人类才创造出一个世界。"类似的穿插使得这些访谈形成了一个更广阔的互文网络，构筑出一个相对立体的法国文艺广场。

这六位人物，也许大多数可以从某种角度被定义为"先锋派"。马蒂斯是先锋派，用他的笔触改变了绘画的基本范式；杜尚是先锋派，用小便池等现成品彻底粉碎了艺术的界限，从观念角度开启了艺术创作的全新维度；布勒东是先锋派，他以超现实主义为依托深入潜意识和梦境，发掘出前所未有的美学空间；加缪是先锋派，他靠果决的勇气直面荒诞并予以抵抗，在最高价值自行贬黜的虚无年代重建人类生存的根基；柯莱特是先锋派，她打破偏见和歧视，勇敢地在作品封面署上自己的真名，毫无顾忌地表达自我。与他们相比，克洛岱尔更像一个保守派，他在一个世俗化大兴的时代笃信天主教，对超现实主义等新思潮嗤之以鼻，但是，他强烈的感受力与创造力并没有因此受到丝毫妨害，反而结出了独树一帜的果实，足以与其他几位抗衡。而在这几位先锋派之间，也未必不存在分歧。这正是露天广场的意义，这里没有一家独大，只有众声喧哗，百家争鸣。

丛书的立项与出版得到了中信出版·大方的鼎力支持与密切配合，在此要向总经理蔡欣女士和文学顾问赵松先生致谢。为了译好这套丛书，我选择了一个虽然年轻但学术扎实的翻译团队：杜尚是郑毅博士阶段的研究对象；布勒东则是尉光吉长期关注的学术重心；张慧在法国研习艺术史，对马蒂斯颇为熟稔；王子童在巴黎高等师范学院研究女性写作，与柯莱特也有重合之处。作为主编，我负责译介克洛岱尔和加缪的访谈，并为柯莱特和布勒东的访谈添加了注解，交代人物信息、历史背景等，方便读者理解文意。对于全部译稿，我一一对照原文逐字逐句进行了修订并与译者进行了细致的探讨，力图完整呈现原作中的文意与语气，把杜尚的戏谑、布勒东的严肃等原汁原味地引荐给中国读者。具体效果如何，还要交由读者判断。

最后，衷心希望读者们能够在露天广场中的这场对话里获得愉悦而丰沛的阅读体验，感受这六位法国文艺大师绝伦的创造精神。

张博

2022 年 7 月 14 日写于南京

编译者序

在中文语境中，加缪早已成为家喻户晓的法国作家，将其称为中国最知名的 20 世纪法国作家恐怕也不为过。早在 20 世纪 60 年代，《局外人》就已经被翻译成中文，开始了小范围流传。到了 80 年代之后，经过柳鸣九、郭宏安、李玉民、杜小真等专家的努力，加缪的各种汉译作品在中国迅速展开大规模传播，影响之大堪称"现象级"。不过，仔细观察加缪作品在汉语世界的翻译状况，不难发现，相比于《局外人》《西西弗斯神话》《鼠疫》等几部热门作品被各大出版社反复重译、再版的热闹场面，不少对于理解加缪思想至关重要的文本，例如《婚礼》《夏天》《时事评论一二三集》以及他的各种戏剧作品和《笔记》等，翻译与出版次数就少了很多。至于他的社论、书评、访谈、书信等，则更加显得冷门，包括之前出版的汉译《加缪全集》，以上内容也未见收录。这方面的翻译工作，必将成为日后加缪汉译领域的重中之重。

在中文学术界，关于加缪的论文与专著数量颇丰，与加缪有关的学术会议开展频繁，有价值、有深度、有新意的研究成果亦逐年递增。不过，一些认知方面的偏差和误解仍然客观存在。例如，依然有评论者会给加缪的名字简单地贴上"存在主义"的标签，并且仅仅依靠孤零零的作品本身去做出个人化的感性解读，既缺少横向的外围文献支持，也无法在加缪的一生创作中梳理出纵向的内在线索。在这方面，翻译的空白与缺陷，对于学术探讨的进一步展开造成了限制，许多文献材料国人依然无缘得见，盲人摸象也就变得可以理解。毕竟，对于一位像加缪这样的世界性作家，其研究者绝不仅限于各大院校外国语学院法语系教授。中国当代作家，中国现当代文学学者，哲学、历史学、政治学、社会学、心理学的研究者，都在这个场域中发表着各自对于加缪的观点。

目前，在对加缪的翻译与研究领域，依然有一些空白亟待弥补，有若干误会亟待澄清。有鉴于此，我决定编译这本《加缪访谈录》。因为访谈作为一种直抒胸臆，可以帮助我们认识到作家最一手的想法，了解到他自己根本性的创作态度和思维方式，让我们一步跨入加缪的人生现场。更重要的是，本书中收录的访谈，一方面数量颇为可观，另一方面其中的大多数此前从未被译成汉语，因此不为中国读者所知。而其中的许多内容，恰恰可以帮助我们厘清加缪根本性的思想脉络。仅以加缪与存在主义的关系为例，这是纠缠了加缪一生的话题，即便他在世时，也经常被外界称为"存在主义作家"。对于这样一个头衔，加缪的抗拒态度始终如一。只要翻开这本访谈，我们便可以清晰地看到，从 20 世纪 40 年代开始，一直到他人生中最后一次访谈为止，加缪不断地强调着他与存在主义者、与萨特的区别，例如：

不，我不是存在主义者。萨特和我只要看到我们两人的名字被连在一起，就会感到震惊。我们甚至打算有朝一日一起发布一篇短小的公告，由两个签名者共同确认彼此之间没有任何共通之处，拒绝为那些他们本可以各自承担的债务进行担保。因为说到底，这就是一个笑话。萨特和我在认识彼此之前，已经把各自能发表的都发表了，没有例外。我们的结识只是为了确认彼此之间的差异而已。萨特是存在主义者，而我发表的唯一一本思想类著作《西西弗斯神话》，其目的正是反对那些被称为存在主义者的哲学家。（《"不，我不是存在主义者……"》，1945 年）

存在主义具有两种形态：一种关系到克尔凯郭尔和雅斯贝尔斯，借助对理性的批判，通向神性；另一种，我称为无神论存在主义，涉及胡塞尔、海德格尔和不久之后的萨特，它同样以某种神化收尾，不过仅仅是对历史的神化，历史被视为唯一的绝对。至于我，我完全理解宗教解答的好处，而且我尤其看得出历史的重要性。但是在绝对意义上，我既不相信前者也不相信后者。(《〈侍奉〉杂志访谈》，1945 年）

如果说存在主义的逻辑前提是在帕斯卡尔、尼采、克尔凯郭尔和舍斯托夫笔下找到的（我也这么认为），那么我赞同这些前提。如果说结论是我们那些存在主义者的结论，那么我无法苟同，因为这些结论与前提矛盾。(《最后的访谈》，1959 年）

从这些文字中可以直观地发现加缪思想与萨特式存在主义之间的具体异同。要知道，1945 年时加缪与萨特正处于亲密战友阶段，所以加缪的这类否认绝不是 20 世纪 50 年代二人决裂后刻意划清界限，而是有理有据的自我认定。如果顺着加缪提供的思路重新阅读其早期作品，更可以看出其鲜明的独立性和思维特点，理解他在《西西弗斯神话》中对于克尔凯郭尔、舍斯托夫、胡塞尔、海德格尔的评论究竟有何目的。正如 1959 年《最后的访谈》所言，他与存在主义者共享了某些理解人生的前提，但对于最终的结论，却大异其趣。加缪本人的这一系列说法和态度，无疑需要引起我们高度重视，即便日后仍然将其置于"存在主义文学"的框架和脉络之内，也需要强调和突出加缪的独特性和差异性，而非简单地混为一谈。

关于存在主义的问题仅仅是这部访谈中涉及的诸多话题之一。作为一部时间跨度长达十五年的访谈合集，其内容包罗万象，涉及文学、思想、戏剧、政治、新闻等诸多领域。而在这些看似庞杂的话题中，凸显出一个在"孤独与团结"之间挺身直立的人物形象，立体而丰满，让我们看到了一个在荒诞世界中生存的个体不屈的抵抗及其对于统一性的不懈追寻。对于理解加缪其人，理解其世界观、美学观与价值观，以及他的生活与创作态度，访谈的内容都颇有意义，值得将其译成汉语。在世界上，包括法国伽利玛出版社在内，有单行本的加缪《演讲集》《书信集》《散文集》《笔记集》，也有庞大的作品全集，却从未单独编纂出版过任何《访谈集》，而这样的工作，为何不能由中国学者来完成或完善呢？在外国文学领域，我们似乎已经习惯于去做单纯的评价与分析，而把文献层面的整理工作视为原作者母国学者理所应当的任务。但在我看来，中国的年轻学者有能力也有必要与外国学术界展开更深入、更核心的对话。以与我们比邻的日本学者为例，在19世纪法国诗学领域，日本学者早已在文献层面成为法国学界的重要征引对象，甚至直接参与了一些诗人"七星文库"版作品全集的编写工作。在索邦大学的文学课堂上，经常听到法国名师们引用日本学者的学术观点。在法国出版的各种加缪研究专刊中，也常常见到日本学者的论述。这个曾经研习中国学术的国家，如今已经进入了欧美的学术主流视野，这一点值得我们反思和努力。如何在一个世界性的文学研究共同体中发出中国学者的声音，是我们正在面临的挑战。文化自信与文化输出，不仅仅包括我们自己灿烂的中华文明，同样包括我们对于西方文化的真正建树。

总之，从想法诞生，到最终收笔，这部《加缪访谈录》是我从文献收集工作开始一步步编纂、翻译、注释完成的。因此，也有必要在此分三个部分对读者进行一些基本情况的介绍。

一、编纂

《加缪访谈录》的编纂，主体上以法国伽利玛出版社2006 年至 2008 年出版的新版四卷本"七星文库"《加缪全集》为底本。在"七星文库"丛书中，总共有两套与加缪有关的文集。第一套是 20 世纪 60 年代法国学者罗杰·基里奥主编的《加缪文集》，分为《阿尔贝·加缪，戏剧·记叙·短篇小说》（1962）和《阿尔贝·加缪，随笔》（1965）两卷，以文体分类。这套文集本身带有加缪意外车祸去世后浓重的纪念性质，工期有限，收录的内容并不完整，除了一些加缪生前结集成册的时事评论文集，加缪作为记者撰写的各类社论、书评，以及在各种场合发表的演讲、评论、访谈、笔记几乎都未能收入。因此在标题上基里奥谨慎地没有使用"全集"二字，全书性质也更类似于"作品集"。第二套则是"货真价实"的《加缪全集》，共分四卷，采用了时间顺序，包括《全集一，1931—1944》《全集二，1944—1948》《全集三，1949—1956》和《全集四，1957—1959》，通过法国大批资深加缪研究专家的长期努力，基本收罗了除书信外加缪的各种书面文字，比旧版《加缪文集》多出五分之一的内容，也是当下全世界通用的学术性权威版本。访谈录中的大多数文章，便来自这四卷《加缪全集》。不过，这其中也涉及一些具体的文献问题。

首先，《加缪全集》收录的，均为加缪以文字发表的访谈，对于他在世时做过的一些电台或电视访谈，并未予以收纳。这也许和法国编纂者对于收录文本的范围认定有关。不过对于我们这部访谈录而言，这方面的影音资料显然没有放弃之理。我借助法国国立视听中心的部分声音档案，找到了三篇被全集忽略的访谈影音记录，并通过听写将其转译为中文。其中，有一篇1955年加缪与让·莫甘的访谈录音，长约二十分钟，在其中加缪详细谈论了他对于荒诞和反抗的思考以及有关《鼠疫》《戒严》的创作问题，尤其显得重要，提到了许多访谈录中其他文章未曾涉及的内容。加缪在其中提到，他在写作《鼠疫》时使用过两种紧密交错的风格——"个体风格"与"集体风格"，并且直白地指出，对于这方面的问题，"我之前没有在任何地方看到我接下来要对您讲述的内容被揭示过"。而这些内容在中文世界中也和当年的法国批评界一样从未被人提及，它对我们如何理解《鼠疫》具有重要的启发。另外一篇关于《卡利古拉》的录音（《加缪谈1958版〈卡利古拉〉》）以及一份关于《群魔》的影像资料（《加缪谈〈群魔〉》），也是对相关话题的有益延伸。虽然这些影音档案处理起来比纸质文本费事得多（尤其是加缪特殊的阿尔及利亚口音），但意义却不可轻视，值得投入时间听写比对。可惜的是，由于疫情原因，法国的许多公立机构正处于闭馆状态，我只能通过网络获取一些有限信息，不敢妄言自己已经完整收集了加缪全部的语音和视频资料。不过，这将是我的努力方向，在疫情逐渐解禁之后，我将择机前往法国国立视听中心的档案室继续收集、整理素材，为后续进一步增订做好准备。

其次，"七星文库"版《加缪全集》在收录这些访谈时，有时会对提问者的文字进行删减，甚至发生过误删加缪原话的情况。其中，有的提问，比如收录于《时事评论集》中的《三次谈话》首篇《与加缪相遇》，最初发表于

1948 年 6 月第 111 期《开罗杂志》，后来在收入《时事评论集》时，由于篇幅原因，提问者的陈述在结集出版过程中被加缪本人进行了删减。事实上，这篇文章与其称之为"访谈"，不如称其为"对话"，其中不仅加缪详细谈论了自己的观点，提问者本人也充分亮出了他的态度，两人之间多有冲突和交锋。因此，删除提问者的相关评述，不但会导致文本的连贯性出现问题，更会在阅读这份问答时产生一些隔阂，看不清加缪某些意见的具体所指。所以，还原文本是有必要的，读者由此可以看到提问者的详细论述，看到他在各个问题上的理解和态度，也因此更能理解加缪究竟在针对什么、回应什么。

除了加缪本人的删节，《加缪全集》的编写者在收集文献时偶尔也会进行主动删改。例如《关于〈修女安魂曲〉的几次访谈》，在《加缪全集·第三卷》《修女安魂曲》的《附录》中，原题便叫作《几次访谈片段》。其中第一篇《阿尔贝·加缪与威廉·福克纳的相遇能否为我们带来第一出现代悲剧？》，便删去了《世界报》记者在访谈内容之前的背景铺垫，而这一部分内容对于中国读者理解文意和背景显然有其价值。又比如其中的第二篇《阿尔贝·加缪："这个悲剧的世界尚未找到属于它的剧作家。"》，不但删去了《战斗报》开头的一些铺垫文字，甚至误删了原文结尾加缪本人的谈话。《阿尔贝·加缪："福克纳把古代的宿命带回了剧场。"》

一文也存在同样的问题。还有《文学新闻报》上的《阿尔贝·加缪对我们说："福克纳是最伟大的当代作家。"》一文，原始报刊上该访谈分左右两栏，在全集中仅剩左半部分，右边一栏内容被整个漏掉了。凡此种种，都必须通过核对原刊加以增补。又比如发表于《洛桑日报》的《与阿尔贝·加缪访谈》，其中不但提问者的陈述部分在收入全集过程中遭到了大面积删节，原文的分节方式也遭到了破坏。因此我也根据当日的《洛桑日报》原刊进行了恢复。

除以上种种删节，《加缪全集》在收录文献的过程中还存在个别遗漏。例如1945年10月17日《歌剧报》上的访谈，全集并未收录，在本书中我根据法国国家图书馆中的原刊胶卷进行了增补。在这篇加缪早年的访谈中，他不仅谈到自己对于"存在主义"这一标签的拒绝，而且明确指出了他从荒诞走向反抗的思想脉络："一个断定人类的生存处境颇为悲观的思考者，为什么不能感到与他那些被奴役的同伴团结一致，并且从中发现行动的理由呢？"这对于我们理解加缪的思想演进，具有深切的启发性。

关于访谈内容的编排，我最初曾尝试以主题划分类别，如文学类、思想类、戏剧类、政治类、新闻类等。在原本的设想中，这样的分类可以让读者对于各个类别的内容产生更加集中、具体的印象。但在实际编排中，我发现这样的分类难以操作，因为除了一些专题访谈，大多数访谈会兼及数种内容，难以单纯归纳为文学类、思想类或是政治类。因此，我最终还是在大体上选择了最中规中矩的时间顺序，包括相关影音资料，也根据其对应的采访时间插入本书之中。时间顺序当然不是没有好处，读者不但可以发现其观点的内在演化和发展，而且可以直观地了解到这些观点与外部时局的关联。但同时，我也对一些特定内容的访谈进行了合并。例如《关于〈卡利古拉〉的几次访谈》，其中头两篇均发表于1945年《卡利古拉》首次上演前后，第三篇访谈则作于1958年加缪重导《卡利古拉》并对剧本进行修改之后。为了帮助读者对《卡利古拉》各个版本的前世今生产生更具体连贯的了解，我将这三篇访谈放在了一起。总的来说，我的编排以时间顺序为主，并在一些特定之处选择了相同主题的集中收录，以此尽力增强全书的整体性与连贯性。

二、翻译

在本书中，绝大多数访谈系首次译成中文。其中，以下几篇在2010年上海译文版《加缪全集》中曾经得到过翻译，分别是：《加缪全集·散文卷二·时政评论一集·三次访谈录》（杨荣甲译）、《加缪全集·散文卷二·时政评论二集·仇恨的强制性》（王殿忠译）、《加缪全集·散文卷二·时政评论二集·关于反抗的谈话》（王殿忠译）、《加缪全集·散文卷二·时政评论二集·艺术家和他的时代》(王殿忠译)、《加缪全集·戏剧卷·答记者问》(李玉民译)。

在本书中,我重译了这些篇目。我认为,任何一次翻译工作,均存在其历史性的贡献与局限,二者均无须讳言,我这本《访谈录》也不例外,本书中的翻译错误,日后必将得到其他学人的进一步修正。正如我自己在一次访谈中所说:"我最大的愿望,就是自己的译文能够成为一块坚实可靠的踏脚石,不至于太过迅速地凹陷、碎裂。"[1]《加缪全集》的推出,不应该成为一个终点,而应该是一个开始,还有许多相关翻译工作亟待展开。作为后来者,我唯一的目的与意愿,就是精益求精,以谦恭的态度面对加缪的每一句话,尽一切可能体察他的题中之意与话外之音,将加缪的文字更全面、更准确地传达给广大读者,并在此基础上形成真正有价值的学术探讨。

关于翻译的第二类问题,是翻译的文风问题。这涉及本书中各篇访谈的原始性质。有的访谈是记者与加缪直接交流后的记录,有的访谈是加缪收到相关问卷后的书面回复,有的访谈则是现场对话的录音录像,还有少数一两篇根本就是加缪的自问自答。情况不同,文风也有所差异。有一些偏

---

[1] 何同彬、张博,《"果实是盲目的,树木方能远望"——关于当代诗歌翻译及创作的对谈》,《文艺争鸣》,2020 年第 11 期,第 127 页。(本书脚注如无特殊说明,均为译者注。)

口语，有一些更书面。有一些复杂套嵌的长句极多，有一些则以短小的分句为主，还有一些则充满了口语的打断和插入。译者在翻译过程中竭尽所能地试图贴近原文，但也不敢妄言做到了一一对应，究竟是否有效只能交由读者评断。

关于翻译的第三个问题，则是全书的标题。对于标题，我曾经想到过好几个选项，比如"反抗荒诞"，显然是加缪思想的两个核心关键词，又比如"我不是存在主义者"，则在一目了然地澄清概念之余，充分吸引读者的眼球。最终，我决定将正标题命名为"孤独与团结"，主要出于以下几种考虑：第一，加缪在这部《访谈录》中，不止一次谈到了"孤独与团结"这一话题，这组词汇对于其人生而言，可谓精准的写照；第二，加缪在他的文学创作中，也使用过"孤独与团结"这一提法，其中暗含了他的某种自我认定。这部《访谈录》涉及的内容颇多，但归根到底，实为一位作家走过的人生。"孤独与团结"，恰恰折射了这段人生的本质。

三、注释

在这部十多万字的小书中，注释的篇幅大约两万字，占到了全书的五分之一。这样的注释比例显然有异于传统的学术译著。注释部分也是我在编译本书过程中最为用功、用力之处。因为，与本套丛书中的其他几册不同，加缪的访谈，跨度长达十五年，提问者各不相同，每一篇都可能指向特定的时事、背景、经历。在问答中，涉及的人物、事件、情境等更是丰富庞杂。如果缺少成体系的详细注解，对于广大读者来说，许多内容会显得过于疏离，难以理解加缪的用意。如果最终的阅读结果仅仅是抓住加缪的只言片语、个别"金句"，就完全背离了我的预期与用意。因此，我选择以详注的方式为读者补充相关信息，唯一的目的就是帮助读者增进对访谈内容的理解，扩展相关知识面，填补相应背景内容。这并非为了注释而注释，更不是知识层面的暴露癖发作。注解的写作过程，也远非一蹴而就，常常需要重新阅读大量文献之后方能谨慎下笔，并在整部访谈的翻译过程中不断进行修改和调整。本书的注释包括以下几种类型：

第一，对于每一篇访谈，都有一段简单的题注，内容包括访谈最初的发表时间、发表刊物、提问者姓名等。如果遇到一些具有特殊性质的刊物，如新教刊物、西班牙共和派刊物，并且刊物性质直接影响了相关提问和加缪的回复，也会用简单的文字予以点明。

第二，是关于问答中涉及的人名。注解的基本格式，是"人物全名（法语全名，生卒年月）：基本介绍，与加缪的关系"。我的主要工作，放在了其中的最后一部分，即"与加缪的关系"方面，让读者充分了解该人物与加缪的交往、对加缪的意义，尤其是此人出现在具体上下文中的主要原因。也因为如此，对于同一个人物，涉及不同的访谈背景，可能有不同的注解，目的只是为了帮助读者进一步查明背景、理解文意。

第三，是关于问答中涉及的各种作品、事件、经历、背景等，我会从与加缪相关的内容出发做出相应的解释和点评，内容多为法国学术界的公论，并融合了我自己的学术判断。其中许多内容，其实是对访谈的补充，因为在访谈的原始语境下，许多内容在提问者与对话者之间不言自明，但这种不言自明性对于中国当代读者而言并无效力，因此需要阐释清楚。

另外，关于文中提到的加缪相关文本，例如《局外人》《西西弗斯神话》和《鼠疫》这类读者耳熟能详的作品，我或者不予注释，或者一笔带过。而对于加缪其他在国内相对不太知名的作品，则介绍得相对细致。我的用意，一方面是传达信息、厘清文意，另一方面也是希望引起读者对这些作品本身的兴趣。

第四，是对一些特定法语单词的解释，它们或者包含多义性，或者在意义上存在某种特殊性，与其通常的用法有所区别，故而通过注释对我的译法加以说明。

第五，是一些纯粹知识性的注解，涉及一般性的法国或欧洲文化、制度、政策等。

以上五类，就是本书中我的主要注释类型。读者既可以选择在阅读访谈的过程中随时参阅，把它当成某种附属文献或者从属于访谈的延伸文本，也可以将其抛在一边，优先进入加缪的谈话，后续再慢慢梳理相关知识点。关于全书注释信息的由来，首先，在四卷本"七星文库"版《加缪全集》中，每一册正文后原本就附有法国学者的注释内容。我在译注过程中，充分参考了其中的信息，并根据中国读者更能接受的方式进行了彻底重写，把中国读者更加需要的内容予以突出。除此，大多数注释内容法语全集中并不存在，是我专门为中国读者撰写的。这方面的信息主要来自我手头的数十部加缪研究专著以及我十多年来在法国进行加缪研究的知识积累。还有少部分与加缪本人无甚关联的内容，比如斯坦尼斯拉夫斯基与高尔基关于陀思妥耶夫斯基的争论（见《阿尔贝·加缪谈〈群魔〉的改编》），比如诺曼·梅勒的《白色黑人：关于非主流文化的浅层思考》（见《最后的访谈》），相关信息则来自中国知网及欧美学术网站中的相关论文。

以上就是本书在编纂、翻译与注释方面的基本说明，至于书中的内容，可谈的地方有许多，却不必忙着在这里谈，留待读者自己去阅读、体验、思索，相信每位读者都会拥有属于自己的心得。至于我自己，只想在这里引用《最后的访谈》中一句让我陷入深思的问答：

——您认为，相比于热尔曼妮·布莱，法国批评家在您的作品中忽略了什么？

——阴暗之处，我身上盲目与本能的一面。法国批评家首先感兴趣的是思想。不过，相较而言，研究福克纳的时候能不去思考他作品中"南方"的意义吗？

我们在研究加缪作品的时候，是否也过于重视"思想"，因而忽视了他作品中的"阴暗"之处，忽视了他"身上盲目与本能的一面"呢？它们在加缪的作品中具体如何体现，产生过怎样的意蕴，传递出怎样的冲突呢？那种黑暗滞重与光明坚韧之间的搏杀，是否才是加缪创作世界真正的秘密所在呢？在这寥寥数语之中，蕴藏的内容引人深思。这些令人回味的只言片语，同样是这部访谈录的价值所在。

我对加缪的系统研究开始于 2010 年入学巴黎索邦大学文学院攻读硕士学位之时。当时我正是选择了加缪作为硕士论文的研究对象。我依然记得，在 2012 年硕士答辩中，我的论文《阿尔贝·加缪与地中海世界》获得优秀等级，其中，答辩主席、我的硕士导师米歇尔·缪拉先生对我的赞誉和肯定，让我深深感到需要为加缪在中国的传播做出更多成绩。之后，我的研究重心转向了加缪的好友勒内·夏尔。2018 年，勒内·夏尔的第一部完整中译本诗集《愤怒与神秘》已经由译林出版社出版。事实上，在这部访谈中，同样不时闪过夏尔的身影："勒内·夏尔是自从兰波以来法国诗歌中最重大的事件。"(《加缪断言："自由是现代世界最严峻的问题。"》)"他对我而言不仅仅是一位诗人，一位大诗人以及一位具有无限天赋的作家，而且完全像是我的一位兄长……他的诗作立身于法国文学所创造出的最伟大，的确是最伟大作品之列。总而言之，自从阿波利奈尔以来，在法国诗歌中，没有任何革新可以与勒内·夏尔所实现的那种相提并论。"(《斯德哥尔摩媒体见面会实录》)每每译到这样的段落，我总会感到隐秘的欣喜。当然，我对加缪的研究工作也没有放下，在这十年中，我发表过若干关于加缪的论文，撰写过一些关于其作品的导读，却总觉得还缺少些什么。现在，感谢"中信出版·大方"的蔡欣女士与作家赵松先生，让我有机会主编这套丛书，自由选择翻译对象与译者团队，也让这部《加缪访谈录》获得了问世的契机，更让我心中感受到一份踏实和满足。同时，我也要向我的朋友们致谢：在相关音频资料的笔录过程中，我的法籍友人杨铭先生给予了我莫大的帮助。在寻找《开罗杂志》原刊的过程中，旅法艺术家田德熙的岳丈哈利姆·多斯教授伸出援手，从开罗的图书馆中找到了这期杂志，从而对访谈内容进行了补全。我的朋友旅法青年学者杜超先生出入巴黎多个图书馆，帮我拍摄扫描了多篇报纸原刊，还包括法语版全集未收入的访谈篇目，使我得以查漏补缺。在翻译过程中，我与旅法青年学者宋迈克先生与贺林欣先生就法文原意进行了大量深入而富有成效的探讨，获益良多。

虽然恰如前文所述，由于疫情原因，文献的编纂工作受到了严重干扰，后续依然有不少增补空间，不过，对于加缪文本的翻译工作，我会有条不紊地继续推进，借用加缪本人的话说："这绝不可能是一个终点，而恰恰是一个开始。"[1]

张博

2021 年 3 月 28 日夜作于金陵

---

[1] 原文为："确认生命中的荒诞感绝不可能是一个终点，而恰恰是一个开始。"

目 录

关于《卡利古拉》的几次访谈 [1]

阿尔贝·加缪谈《卡利古拉》 [2]

（在艾贝尔托剧院 [3]，于排演结束之际，我们向阿尔贝·加缪先生提出了以下问题：）

这是属于您本人的"卡利古拉" [4] 吗？您在其中曾加以虚

1　《卡利古拉》是加缪创作的一部戏剧，属于其"三荒诞"系列（《局外人》《西西弗斯神话》《卡利古拉》）中的一部，内容与其他两部作品亦存在关联。剧本初稿完成于 1941 年，并于 1944 年进行了大改，1945 年，以后者为底本正式上演。1957 年，加缪亲自导演该剧，并根据演出需要对《卡利古拉》的脚本进行进一步修改。在此，编者将加缪人生中关于《卡利古拉》的访谈集中收录，以便读者了解前前后后的相关情况。

2　该访谈最初发表于 1945 年 9 月 25 日的《费加罗报》，是该报社为《卡利古拉》首映所作的专访。

3　艾贝尔托剧院（théâtre Hébertot）建成于 1838 年，位于法国巴黎，1945 年《卡利古拉》在该剧院首演。

4　卡利古拉（Caligula，12—41）：罗马帝国第三任皇帝，历史上公认的暴君之一，弑杀无度，行事荒唐，最终遇刺身亡。加缪在剧中重点讨论了卡利古拉在认识到生活的荒诞性之后，如何以错误的方式进行抵抗，最终被荒诞吞噬的过程。

构吗？还是说这就是历史人物呢？

我没有进行任何虚构，也没有进行任何渲染。我如实引用了苏维托尼乌斯[1]传达给我们的内容，苏维托尼乌斯是一位善于观察的记者。

在您看来，卡利古拉的与众不同之处在于哪些方面？

他是这样一种人：他对生活的热情引向了强烈的破坏欲，出于对自我的忠诚而对人类不忠。他否认一切价值。但如果说他的真理是否定诸神，他的过错则在于否定人。他没有想明白，在摧毁一切之时不可能不毁灭自我。他的故事是一个高级的自杀故事。这是一个关于过错的最为人性化也最具悲剧性的故事。

那么您的结论是？

卡利古拉之所以同意赴死，是因为他已然明白没有任何人可以单独得救，已然明白他无法不顾他人而获取自由。

1　苏维托尼乌斯（Suétone，69—122）：罗马帝国时期的著名历史学家，有《罗马十二帝王传》存世，记录了诸多罗马帝王的行为与人格。该书第四卷《盖乌斯·卡利古拉传》详细记录了卡利古拉的言行，其中有不少内容被加缪引入其戏剧情节。

不过，他至少在几年之间，令他的几个朋友以及他本人的生活摆脱无梦的昏睡，没有碌碌无为。

您的对话是直接引语吗？

是的，不过文本是写出来的。在我那些人物的对话语言中，我已经尽力避免不符合时代的东西。我认为戏剧应该被写出来，不过，当然要避免表面文章[1]。

一个像卡利古拉一样无比独特的人物形象此前却极少引诱作家们动笔，这一点很让人好奇。我相信，唯有大仲马[2]一人，曾把某位"卡利古拉"搬上舞台。

有人向我指出过这一点，不过我一直没有找到原文。

（将剧本搬上舞台的保罗·厄特利[3]也参与了这次访谈。）

1　表面文章（la littérature）："littérature"一词在法语中的本意是"文学"，有时也有"表面文章、官样文章"之意。加缪在此提出戏剧要避免"littérature"，一方面是指剧本中的对白应是日常对话的自然样式，而非过于矫揉造作的"文学"语言，例如法国古典戏剧对白中的韵文。

2　大仲马（Alexandre Dumas, 1802—1870）：法国作家，曾于1837年创作五幕剧《卡利古拉》，全文以韵文写就。

3　保罗·厄特利（Paul Œttly, 1890—1959）：法国戏剧导演。其妻玛格丽特·福尔是加缪之妻弗朗西娜·福尔的姑妈，厄特利在加缪与弗朗西娜的婚礼上与加缪结识，一见如故，经常共同探讨戏剧问题。厄特利几乎参与了加缪每部剧作的舞台导演工作，并经常在其中出演角色。《卡利古拉》是他与加缪的首次合作。

保罗·厄特利：情节在充足的光线下，在路易·米克尔[1]设计的独特布景中展开，布景的构建呈现了一座四壁光秃的宫殿，墙面是被阳光炙烤的石灰之色。

服装呢？

保罗·厄特利：玛丽·维通[2]受到了塔旺壁画[3]的启发，最近一部画册中出现了这些壁画。它们保持着暗红、鲜红和棕褐色系。没有任何美术学院里的那种"古罗马"风格。至于表演，则由二十来位青年演员组成，为首者是饰演卡利古拉的杰拉尔·菲利普[4]。

1　路易·米克尔（Louis Miquel，1913—1987）：法国建筑师，出生于阿尔及利亚，《卡利古拉》的布景设计者。青年时代便与加缪结识，并作为布景师参与过加缪组建的"团队剧团"，进行过多次合作。

2　玛丽·维通（Marie Viton，1893—1950）：法国艺术家，《卡利古拉》的服装和海报设计者。二战前维通曾在阿尔及利亚艺术界与戏剧界参与过许多活动，因此与加缪结识，并作为服装师参与过加缪组建的"团队剧团"，进行过多次合作。

3　塔旺壁画：即位于法国西部塔旺古城中的圣尼古拉教堂壁画，作于11世纪前后。

4　杰拉尔·菲利普（Gérard Philipe，1922—1959）：法国演员，23岁主演《卡利古拉》，为其早期演艺事业赢得声誉，之后逐渐成长为战后法国最著名的电影明星之一。

寻找角色[1]

您很早就开始在戏剧方面有所打算了吧?

是的。我曾经组建过一个剧团[2],上演过一些剧目,我自己也在其中扮演过角色。受生活所迫,我还参与过一次职业巡回演出[3],横穿整个法属北非[4]地区表演我们的古典剧目。二十年来,一切形式的戏剧都让我着迷,令我受教。

《卡利古拉》写于何时,为谁而作?

《卡利古拉》撰写于1938年。当时我25岁。我们的剧团名为"团队剧团",已经成立几年了。在此之前,剧团曾打算

---

1 该访谈节选自1945年法国女戏剧评论家勒内·索雷尔(Renée Saurel)主持的广播节目《十二位作者寻找角色》中与加缪有关的部分。

2 加缪曾于1935年组建"劳工剧团",上演过多出剧目并获得成功,同时在此期间创作了加缪本人的戏剧处女作《阿斯图里亚斯起义》。1937年,劳工剧团重组为"团队剧团",并一直坚持演出直到1939年第二次世界大战开始之前。

3 为了维持生计,加缪曾于1936年加入阿尔及尔广播剧团,参与城乡巡回演出。

4 法属北非:特指20世纪初法国在北非的全部殖民地,即现在的摩洛哥、阿尔及利亚与突尼斯。

做一些大事：埃斯库罗斯[1]，伊丽莎白戏剧[2]，陀思妥耶夫斯基[3]，马尔罗[4]，纪德[5]。《卡利古拉》仅仅是一次尝试，并且在某些方面它是一出属于舞台导演的戏。我曾打算饰演卡利古拉这个角色。之后时势发生变化。战争开始了，随即某种美好的生活终结了。

作为演员和导演，您认为舞台经验对您之后的戏剧创作有助益吗？

---

1 埃斯库罗斯（Eschyle，前525—前456）：古希腊悲剧作家。加缪在"劳工剧团"工作期间曾将埃斯库罗斯的《被束缚的普罗米修斯》搬上舞台。

2 特指英国女王伊丽莎白一世统治期间，即16到17世纪，英国文坛出现的大批剧作，以威廉·莎士比亚（William Shakespeare，1564—1616）的作品最为出名，还包括本·琼生（Ben Jonson，1572—1637）、约翰·弗莱彻（John Fletcher，1579—1625）等。加缪在担任"劳工剧团"与"团队剧团"编剧期间曾导演过本·琼生的《双性人或安静的女人》，并曾计划编导莎士比亚的《奥赛罗》与《哈姆雷特》，但最终未能完成。

3 费奥多尔·米哈伊洛维奇·陀思妥耶夫斯基（Fyodor Mikhailovich Dostoevsky，1821—1881）：俄国作家，加缪最为敬仰、对其影响最大的前辈作家之一。加缪在"团队剧团"工作期间曾排演过雅克·科波改编的《卡拉马佐夫兄弟》，20世纪50年代又改编过《群魔》，并在其文学随笔中多次谈及陀思妥耶夫斯基小说中的人物与思想。

4 安德烈·马尔罗（André Malraux，1901—1976）：法国作家，加缪的精神先驱之一。加缪在创建"劳工剧团"后选择的第一个项目就是将马尔罗的小说《轻蔑的时代》改编为戏剧，并由此与马尔罗结识，得到后者的鼓励。加缪在"团队剧团"还曾计划改编马尔罗的《人的境况》，但因战争爆发而未能完成。之后马尔罗在文坛上给予了初出茅庐的加缪许多帮助，二人保持了长期友谊。

5 安德烈·纪德（André Gide，1869—1952）：法国作家，加缪的精神导师之一。加缪在"团队剧团"工作期间曾将纪德的《浪子回头》改编为戏剧并于1938年2月上演。

当然。最开始它让我了解到，存在人们所谓的各种"戏剧规则"，然后它又教会了我，这些规则被制订出来就是用来违背的。我常常读到，这一出或那一出戏没有遵守戏剧规则。我便挑动那些嘴里天天念叨这些规则的人对此加以定义。如果他们能够定义这些我们所有人都熟悉的事实，我们就会发现，但凡发生这种情况，无论古希腊悲剧，无论莎士比亚，还是莫里哀，都没有被考虑在内。而我在舞台上学到，让戏剧受限之物极少：需要幕布作为装饰背景，至于剧本，则需要一些角色性格和一套言辞。

某些批评家执意要从《卡利古拉》中看出对诸多哲学理论的阐释（他们认为阐释很出色）。而我从中看到的，则是对于一种人物性格的研讨，是在描绘一种从少年向成人过渡的残忍撕裂。我很想请您告诉我，我是否理解有误？

确实，《卡利古拉》仅仅描绘了一种符合戏剧要求的人物性格：通过某种"无动于衷的演变"将这种性格加以简化并且推进到底。至于剩下的，我不知道一出哲学戏剧到底是什么。今天您的趣味只要稍微比床戏高那么一点，人们就会大喊这是形而上学。不过我想向您提出三个思考课题：

第一，普世的观念在当代戏剧中并不比埃斯库罗斯或莎士比亚笔下更多，倒不如说更少。

第二，如果说我们有时在剧场中直接听了几节哲学课，那是在我们那些通俗喜剧院的舞台上。

第三，我们混淆了书面戏剧与观念戏剧。如果您不去书写由黑话和象声词组成的言辞（它构成了闲谈的基础），如果您仅仅致力于写得正确得体，那么您就是一位思想家。无关紧要。总之，如果没有伟大的言辞就不存在戏剧。正是出于这种目标……科波[1]在其他所有人之前领会到了这一点。幸亏他的存在，戏剧从半个世纪的粗俗中解脱出来，并恢复了它事实上的本相：文学艺术的至高形式。

加缪谈 1958 版《卡利古拉》[2]

据说这是《卡利古拉》的一个全新版本[3]，这个说法在多

---

1 雅克·科波（Jacques Copeau, 1879—1949）：法国剧作家、导演。法国戏剧舞台的革新者，建立了巴黎著名的"老鸽棚剧院"，对加缪影响极大，被其称为戏剧舞台上的"唯一之师"。

2 该访谈选出自 1958 年 1 月 1 日的法国文化电台广播节目，采访者为雅克·马塞璐（Jacques Marcerou）。仅有录音存世，根据录音整理。

3 1957 年昂热戏剧节期间，加缪亲自导演了《卡利古拉》，并根据舞台需要对剧本做出了修改。1958 年，修改后的剧本在巴黎上演。

大程度上是确切的？您对这出戏进行了大量修改吗？一般来说，您认为，当一出戏已经写出一些年头之后，作者是否应该根据时代的变化对其加以重审呢？

喔！如果他把这出戏再次搬上舞台，那么他必然要重新审阅，因为随着舞台艺术的发展，各种问题也会以不同的方式被提出来。不过您说《卡利古拉》的全新版本，这就有些夸张了。它仅仅是一个增加了三场戏的版本而已，其中一个角色得到了修改，一些对白进行了更换，就这么多！

这些变化是否发生在排练期间？这究竟是舞台导演的工作，还是作者的前期工作呢？

完全不是前期工作，修改一直是在排练期间进行的。另外，我必须说一声，在我的那些剧本被搬上舞台之前，我从来没有对它们进行过任何改动。

关于《卡利古拉》，您对我们说过，让您感兴趣的首先是故事本身，不过，当它涉及一些古代人物，您是否多多少少在这个故事的掩护之下，趁机向您的同代人讲述了些什么呢？难道这不是您把过去与现在联结起来的手段，以此证明关于人类本质的东西没有任何变化吗？

我无意证明这一点，这不如说是我自己的一种感觉。我不觉得一个卡利古拉式罗马皇帝的反应会与我们在现代世界中看到的某些人的反应存在多大差别。卡利古拉的特殊之处在于，他是一个暴君，但并非彻底失智，这显然让他在暴君圈子里变得有点孤家寡人。不过很显然，他的许多反应，完全可以是某些当代虚无主义的反应，但我并没有尽力表现这一方面。我自己深刻地感受到了这一点，所以我把它说出来，仅此而已。

相对于角色本身，您提到思想是第二位的。不过，假设写故事时就应该表达点东西，那么您在《卡利古拉》中也还是有什么想要表达吧。

好吧！与您意见相左，我很伤心。

不，您很有道理！

我确实不想表达任何东西，我只是想去描写一个角色。我发现对于不可能之物的痴迷和对于贪欲、爱情或者野心的痴迷是一样的。剧作家描写他，就和描写阿尔赛斯特[1]或者

---

[1] 阿尔赛斯特是莫里哀《愤世者》中的主人公，愤世嫉俗，批评周围所有人身上的缺点。

唐·璜[1]完全类似。总之，我们同样可以写出这样一出悲剧，关于一个欲求不可能之物的人，一个想要变成他无法成为之人的人。

总之，主人公或者说悲剧人物的各种特征，总会存在某种过度和出格，因此存在某种不平衡。

对于这一点我完全赞同，事实上，我从希腊悲剧中抓住的东西就是，悲剧就是疯狂、过度与某种正常秩序的对抗，秩序使得一旦有人超越了某种限度，就会受到惩罚。《卡利古拉》虽然不打算变得和它那些伟大范本一模一样，却也恰恰置于这一视角之下。

关于《卡利古拉》，作为作者，您究竟是任由您的灵感和想象自由勃发，还是被文献和研究包围，试图对历史进行准确还原？

完全没有试图还原。我并未力图创作一部历史剧，不过，在阅读苏维托尼乌斯的《罗马十二帝王传》时，必须实话实

1　唐·璜是莫里哀《唐·璜或石之宴》中的主人公，是一个无神论者和诱惑女性的行家。

说，我被卡利古拉这位略显古怪的人物身上的性格打动了。于是我想要在此基础上写一出戏。在此之后，我对历史就再也没有任何兴趣了。尽管如此，卡利古拉身上一切看似出自作者想象产物的胡言乱语，都可以在苏埃托尼乌斯笔下找到。

您认为一位作家完全有权在历史中找到属于他自己的出发点，有权抓住一个历史人物但却以他个人的方式进一步加以发挥吗？

他完全有权这么做。他是他自己的主人，只要他不去侵犯别人的自由。

那么，我要对您提出一个戏剧之外的问题，我很想了解您的看法。这是一个关于"十诫"[1]的问题。在您看来，是否存在某些人物身处这种作者的权利之外？我以前听人说过，类似摩西或耶稣这样的人物，都是作者无法实现的人物。

如果我们爱他们，我们就能实现他们。

1　根据《圣经·旧约》记载，主在西奈山上向先知摩西显圣，传给他十条戒律，规定了信仰耶和华的唯一性、排他性以及社会生活中的基本行为规范，如不可奸淫、谋杀、盗窃等，称为"摩西十诫"。

访谈阿尔贝·加缪 [1]

(手里拿着一本小书，我见到了阿尔贝·加缪。一本新鲜出炉的八十页小册子。)

您过来看我是为了《卡利古拉》吗？加缪问道。

完全不是。

(我把这本小书放在膝头。)

不，完全不是。不过还是让我们谈谈《卡利古拉》，或者说当下关于《卡利古拉》的一些评论吧……对于这些评论，您的态度是？

---

1 该访谈最初发表于 1945 年 10 月 17 日的《歌剧报》，采访者为多米尼克·阿尔班（Dominique Arban）。

面对这些相互矛盾的舆论意见，我恭敬地保持一种认真的态度。

（他几乎没笑，不过我们却能感觉到他十分快活。）

还要加上一点，我想要更正某些信息错误，这种欲望始终占主导地位。

比如？

比如说，人们总是固执地认为我是存在主义者。（当然这是因为萨特是）然而我和萨特结识才几个月，我们两个对这种说法都付之一笑。我写过的唯一一本思想方面的书，其目的就是**反对**那些存在主义哲学家。但这除了促使我保持谦逊，没有起到任何作用。

还有其他错误吗？

有一个批评家写道，卡利古拉声称自己是一个"存在主义者"。然而《卡利古拉》作于 1938 年。在那时，我甚至不知道"存在主义"这个名称。如果说，因为我们提出了人生目的的问题，我们就是存在主义者，那么一切文学，从蒙田到帕斯卡尔，就全都属于这种哲学。

（与加缪谈话伊始，一个魔鬼便进入了我的脑海中，对我大加引诱。他厚颜无耻，自以为在不知道什么地方找到了他的帮凶。至于我，我看着加缪，他年轻、明确，目光直截了当。我的魔鬼在动用诡计。我大声问道：）

您如何定义存在主义？

（他把双臂靠在桌面上，你们知道他怎么回答的吗？）

您如何定义存在主义？

（我的魔鬼可以得意了，他的帮凶就是加缪。）

有人说您这出剧很哲学。

我在哲学领域并没有多少建树，不过我很肯定，这个值得尊重的学科应该比卡利古拉认为的更加复杂。

不过您也承认这是一出思想剧。

问题在于去搞清楚这出剧是不是让人觉得无聊。不应该由我来对此做出评价。

在这场演出中，您最喜欢什么？

舞台导演。

关于《卡利古拉》就是这些问题。不过我过来是为了和您谈谈这个。

（我把那本小书拿到桌面上，放在我们中间。这是《致一位德国友人的书信》[1]，是加缪在 1943 年到 1944 年间创作的，最近刚刚出版。）

是这样，我无法理解，但我很想理解，为何《局外人》的作者同样能够写下这样的作品呢？

（鉴于他没有立刻做出回答，我继续说道：）

---

1 《致一位德国友人的书信》是加缪在二战期间完成的一部著作，1945 年正式出版。在这部著作中，通过对于战争时局的反思以及抵抗经验的融入，加缪走出了早期的荒诞阶段，反抗思想开始成熟，是加缪从荒诞走向反抗的重要思想节点。

在阅读您《战斗报》中的社论时，我们就已经感到一种断裂。总体上让我们感到安心，但毕竟……这个荒诞世界的逻辑学家，宣扬行动的价值与无意义之间的等价性，他的文章却见证着他的选择与介入。其中的内容都是健康的，是对人类的信赖，总之不管怎么说，是一种乐观主义。

加缪，思考绝望的哲学家……这其中存在某种令人安心的悖论。从思考走向行动，如果这样的反转是可能的，那就说明，在这个迷失方向的世界上，人类依然拥有属于他的机会，说明这个世界并不是那么荒诞，谁知道呢？于是今天就有了您的《书信》。

我把这个薄薄的小册子翻到第70页，加缪对他的一位德国友人写道：

您从不相信这个世界有什么意义，而您从中得出的思路是，一切都是等价的，人们可以随心所欲地对善恶加以定义……事实上，曾几何时我也以为自己的想法和您一样，我几乎看不出什么反对您的理由，除了一种对于正义强烈的欲求……

区别在哪里？区别在于，您轻易地接受了绝望，而我对此从不赞同……我依然认为，这个世界没有超凡的意义。但我知道，这个世界上的某些东西是有意义的，那就是人，因为他是唯一要求获得意义的生灵。[1]

（我把书重新合上。）

我想，这些段落，成为我们曾经认识的加缪与我们也许即将认识的加缪之间的连接点。不过，在二者之间，难道不会缺少某种一致性吗？

我认为这里面恰恰存在一致性。在各种行为之间当然存在一致性。不过这无所谓。在创作方面，我能够想到要做的，就是去证明，慷慨的举止可以诞生在一个哪怕没有上帝的世界里，而且人类可以依靠自己去创造属于他的价值。在我看来这是时代提出的唯一问题。我们所有人都致力于用我们的人生与作品去说明这一点。在寻找解决办法的过程中，我在许多人中间占据了一个位置，如此而已。

那么这个解决办法，您察觉到了吗？

三言两语是不可能讲清楚的。我之后的作品会专门对

1　语出《致一位德国友人的书信》第四封信，提问者的引文有删节。

此进行阐述。

不过，一个断定人类的生存处境颇为悲观的思考者，为什么不能感到与他那些被奴役的同伴团结一致，并且从中发现行动的理由呢？

"不，我不是存在主义者……"[1]

（在近五年暴露于公众视野之下的诸多作家中，阿尔贝·加缪是其中最有争议的人物之一。他属于这样一类人，他们深信其使命的重要性，对一切表达方式均加以运用：小说有《局外人》，戏剧有《误会》和《卡利古拉》，随笔有《西西弗斯神话》。作为抵抗运动中的行动派，他在《战斗报》[2]中的那些社论，其思想与风格的高贵，为他赢得了那些哪怕不赞同其观点之人的尊重。

毫无疑问，由于他在《局外人》中描绘了一个与萨特作品里的诸多角色[3]一样，以挑衅的方式与生活格格不入的

1　该访谈最初发表于 1945 年 11 月 15 日的《文学新闻报》，采访者为简宁·德尔佩奇（Jeanine Delpech）。

2　《战斗报》是二战期间法国抵抗运动者发行的一份地下报纸，加缪于 1943 年加入《战斗报》团队，并一度成为主编，其间撰写过大量时事评论，直至 1947 年将主编之位让出后逐渐淡出。加缪在《战斗报》的工作经历对其抵抗思想的形成起到了根本性的积极推动作用。

3　包括萨特出版于 1938 年的小说《恶心》中的主人公安东纳·洛根丁以及出版于 1939 年的短篇小说集《墙》中的多位人物。加缪 20 世纪 30 年代末在阿尔及利亚报社中主持书评专栏时，曾在第一时间为萨特的这两部作品撰写书评，评价极高，但其中对萨特认为人生全无出路的想法并非没有微词。

人物，一些人便把阿尔贝·加缪当成了一位存在主义的门徒。他本人拒绝对这种哲学思想进行定义，而萨特[1]为存在主义的纲领之作《存在与虚无》收尾的一句话"人是一种无用的激情"[2]，也没有对此给出完善的定义。不必一直回溯到柏拉图，雅斯贝尔斯、海德格尔、克尔凯郭尔、舍斯托夫、舍勒[3]就已经强调过，在一个恩典似乎是抵抗绝望的唯一法门的世界里，人类与这个世界的种种矛盾挺身相搏时产生的焦虑。不过，在今天自称存在主义者的年轻一代之中，只有少数人拥有充裕的时间和必要的修养，去对一个在他们头脑中依然含混的学说追本溯源，而一出类似《禁闭》[4]的戏剧则为他们提供了一种惊人甚至诱人的阐释。

加缪被视为这一流派的领袖人物，不过他看上去却非常年轻，几乎就是一个学生。在他狭长、不匀称却又颇为和谐的脸上，一双眼睛在固执的额头下露出笑意，一张美食家

1　让-保罗·萨特（Jean-Paul Sartre，1905—1980）：法国哲学家、文学家，1964年诺贝尔文学奖得主，但拒绝领奖。1943年，他的哲学专著《存在与虚无》出版，被视为存在主义的代表作。之后，加缪对该著作也进行过研读。萨特与加缪于1943年第一次见面，很快成了朋友，直到1952年由于政治立场的对立而决裂。

2　语出《存在与虚无》第四卷《拥有、作为与存在》的最后一句，但并非全书最后一句，而是《结论》部分之前的最后一句。

3　以上五位哲学家的思想均在《西西弗斯神话》中得到过探讨。

4　《禁闭》是萨特的一出戏剧，于1944年首演，剧中三个人物在死后进入地狱，但地狱仅有一间房间，在其中他们互相试探、互相审判，萨特在该剧中提出了他的名言："地狱即他人。"该剧意涵丰富，其核心则在于人的存在与人生意义及价值之间的关系这一存在主义哲学的核心问题。

的嘴上也没有那种破坏过许多思辨者面部表情的苦涩皱纹。感觉得到，在他身上，淳朴与平和抵御着抨击谩骂和揶揄奉承。他带着一种略带嘲讽的殷勤接受了采访，比那种爱慕虚荣者的趾高气扬更加吓人。在被各种电话铃声骚扰时，他露出一种孩子气的微笑轮流回击道，"加缪先生已经走了""加缪先生还没有来"。对于我的第一个问题，他的回答是：)

不，我不是存在主义者。萨特和我只要看到我们两人的名字被连在一起，就会感到震惊。我们甚至打算有朝一日一起发布一篇短小的公告，由两个签名者共同确认彼此之间没有任何共通之处，拒绝为那些他们本可以各自承担的债务进行担保。因为说到底，这就是一个笑话。萨特和我在认识彼此之前，已经把各自能发表的都发表了，没有例外。我们的结识只是为了确认彼此之间的差异而已。萨特是存在主义者，而我发表的唯一一本思想类著作《西西弗斯神话》，其目的正是反对那些被称为存在主义者的哲学家[1]。

1　加缪在《西西弗斯神话》中并没有直接批评萨特，而是批评了一批"存在哲学家"，包括舍斯托夫、克尔凯郭尔、海德格尔、雅斯贝尔斯等。"存在哲学"特指一种二战之前的非理性思潮，与萨特所代表的"存在主义"在哲学史上并不是一个概念。前者可以视为后者的先声，后者对前者有所继承，在加缪看来萨特是对胡塞尔和海德格尔思想的延续。加缪在《西西弗斯神话》中反对前一种"存在哲学"，因此也不认为自己与萨特的"存在主义"构成亲缘关系。《存在与虚无》出版于1943年，《西西弗斯神话》出版于1942年，二者之间并无直接关联。

（电话响了。这次加缪先生人在。不过刚好有时间取消一次预约。接着他继续回答道：）

的确，萨特和我都不相信上帝。我们也同样不相信绝对的理性主义。但说到底，于勒·罗曼[1]也不相信，马尔罗、司汤达、保罗·德·科克[2]、萨德侯爵[3]、安德烈·纪德、大仲马、蒙田、欧仁·苏、莫里哀、圣-埃夫雷蒙[4]、雷兹枢机主教[5]、安德烈·布勒东都不相信。有必要把所有这些人都归入同一个流派吗？我们不如先把这个问题放到一边。总之，为所有那些没有生活于恩典之中的人找到切身利益，我不知道为什么自己需要为此而道歉。是时候去着手照顾这些人了，因为他们的人数最多。

一种强调世界之荒诞性的哲学思想不会产生让他们陷入绝望的危险吗？

1　于勒·罗曼（Jules Romain，1885—1972）：法国作家。

2　保罗·德·科克（Paul de Kock，1793—1871）：法国作家。

3　萨德侯爵（Marquis de Sade，1740—1814）：法国作家，撰写有大量情色文学作品。

4　夏尔·德·圣-埃夫雷蒙（Charles de Saint-Évremond，1613—1703）：法国作家，著名享乐主义者。

5　雷兹枢机主教让·弗朗索瓦·保罗·德·贡迪（Jean François Paul de Gondi，1613—1679）：17世纪法国宗教界与政界要人。

考虑到我谈话内容的相对性，在此我只能从个人角度予以回答。承认我们身边形形色色的荒诞性，这是一个阶段，是一种必不可少的经验，但这不应该成为一条死胡同。它将引起一种有可能变得十分丰饶的反抗。对于反抗概念的某种分析，有助于发现某些概念：能够重新赋予生存以某种相对意义的概念，尽管这种意义始终受到威胁。

反抗在每个人身上呈现出各种独特的形态。有没有可能用一些适用于所有人的概念去满足它呢？

有的，因为如果说有一件事在过去五年中得到了发扬[1]，那就是人们彼此之间的极端团结。一部分人是在罪行中团结，另一部分则是在抵抗运动的振奋中团结。甚至于存在受害者与刽子手之间的团结。当有人枪决了一个捷克人，博纳路[2]的杂货店主也被瞄准了。

法国人的个人主义使得他们难以真正体验这份团结。

这还有待证明。另外，在一个荒诞性乍看如此深重的世

1　1940 年 6 月法国投降之后的这段时间。

2　博纳路：位于巴黎市中心塞纳河边的一条小路。

界上，必须对于他们之中的各色人等形成更大的理解，具备更大的真诚。必须做到这些，不然就是灭亡。为此，某些条件必不可少：人必须坦率（谎言会把事情搅乱），自由（和奴隶是无法交流的）。最后，他们还必须在身边感受到一定的正义。

在《西西弗斯神话》中您曾经写道："一个不抱希望并且对此清醒自觉的人不再属于未来。"既然您不相信那种本质上宗教性的逃避，那么您不担心看到年轻人危险地远离行动吗？

如果今天人们在上帝之外既不能生存也无法行动，那么也许一大批西方人将患上不孕之症。年轻人很清楚这一点。之所以说，例如我和许多学生一起感受到了这样一种团结，这是因为我们都置身于同一个问题面前，因为我相信他们愿意像我一样去解决问题，注重效率并且为人类服务。

为了如此清晰地了解年轻人，您做过教师吗？

从来没有。不过为了继续我的学业，我曾不得不从事各种工作。我曾搞过汽车配件，进过气象台，干过海事中介。我曾经被政府雇用，当过演员（我曾经加入过一个剧团，每月表演十五天，剩下的时间则用来准备我的学士学位），最后还做了记者，这让我能够到处旅行。

在干过各行各业之后开始写作，这一点在美国比在法国更加常见。您的第一部小说，《局外人》，使人联想到福克纳[1]、斯坦贝克[2]的某些作品。这是不是某种出乎意料的偶遇呢？

不是。美式小说技巧在我看来似乎通向一条死路。确实，我在《局外人》中使用过。但这是因为我的意图是去描写一个表面上看没有意识的人，而美式技巧恰好适合于此。随着这一手法的推广，将会抵达一个由自动木偶与本能组成的世界。这将是一种巨大的贫瘠化。这就是为什么在把属于美式小说的东西物归原主的同时，我愿意用一百个海明威[3]换一个司汤达或者邦雅曼·贡斯当[4]。我为这种文学对于许多

1　威廉·福克纳（William Faulkner，1897—1962）：美国作家，1949年诺贝尔文学奖得主。1933年福克纳的小说《圣殿》被翻译成法语，得到过加缪的注意。20世纪50年代后，加缪对福克纳越发重视，并于1956年将其小说《修女安魂曲》改编成戏剧。加缪去世后福克纳亦为其撰写过悼文。

2　约翰·斯坦贝克（John Steinbeck，1902—1968）：美国作家，1962年诺贝尔文学奖得主。斯坦贝克的小说在法国声誉颇高，被视为美国小说的代表之一，但加缪对其作品反应寥寥。

3　欧内斯特·海明威（Ernest Hemingway，1899—1961）：美国作家，1954年诺贝尔文学奖得主。加缪对其小说《太阳照常升起》评价颇高，但认为《丧钟为谁而鸣》远远不如马尔罗的《希望》。

4　邦雅曼·贡斯当（Benjamin Constant，1767—1830）：法国作家，政治家。在文学方面，他是法国浪漫派的重要先驱，其小说《阿道尔夫》在法国文学史中颇为重要。

年轻作家的影响感到遗憾。

不过您却被视作一位革命性作家。

我不知道这到底想表达什么。如果对自己的技艺提出质询就是革命性，那么也许吧……不过我无法想象缺乏风格的文学。在艺术领域我只了解一种革命，它亘古未变，那就是形式与内容、措辞与主题之间精准的相互适应。从这个角度看，我只发自内心地喜欢伟大的法国古典文学。我的确把圣-埃夫雷蒙与萨德侯爵的作品也归入其中。同样，我也的确把一些当下或过往的法兰西学院院士排除在外。

您还有哪些计划？

一本关于鼠疫的小说，一本关于反抗者的随笔。也许我还应该下定决心学习一下存在主义……

（在这个俏皮话中，我离开了阿尔贝·加缪，有些出神。许多人不再相信某种高于人类处境的理想，而他试图在这些人中间建立的团结，是否足以令他们从绝望中脱身呢？"地狱即他人"，萨特在《禁闭》中说道。在一个充斥着向身边形形色色的荒诞性屈服的人的世界里，这些"他人"能否

28

通过他们独自的领悟，甚至通过他们兄弟般的友情，让这个世界的氛围变得可堪接受呢？完全可以对此存疑。不过，在那些醉心于此类问题，甚至参与过政治活动的诸多人士里，能在其中一位身上遇见如此之多的乐观与善意，这似乎已经相当令人鼓舞了。我们焦急地等待着——在其他各种方案之后——阿尔贝·加缪先生不久将为我们提供的解答。)

《侍奉》杂志访谈 [1]

在那些专门对您进行介绍的专栏文字中，令读者们感到震惊的，就是常常看到您的名字与让-保罗·萨特的名字联系在一起，好像您是一位存在主义哲学的门徒一般。然而《局外人》与萨特式短篇小说相去甚远，同样您在《西西弗斯神话》中还批评了……

（加缪打断了我的话。）我还批评了，确切地说，存在主义哲学。事实上，鲜有人准确知道存在主义到底是什么。因此，很多事情就很好解释了。就我的个人角度而言，我能够讲述的全部内容就是：

第一，我不是一个哲学家。我对于理性不够信任，因此无法相信什么思想体系。让我感兴趣的是搞清楚应该如何为人处世。更确切地说就是，当我们既不相信上帝又不相信

1   该访谈最初发表于 1945 年 12 月 20 日的新教刊物《侍奉》杂志。

理性之时，我们能够如何为人处世。

第二，存在主义具有两种形态：一种关系到克尔凯郭尔和雅斯贝尔斯，借助对理性的批判，通向神性；另一种，我称为无神论存在主义，涉及胡塞尔、海德格尔和不久之后的萨特，它同样以某种神化收尾，不过仅仅是对历史的神化，历史被视为唯一的绝对。至于我，我完全理解宗教解答的好处，而且我尤其看得出历史的重要性。但是在绝对意义上，我既不相信前者也不相信后者。我扪心自问，如果有人强迫我在圣奥古斯丁与黑格尔之间[1]做出选择，会让我十分厌烦。我觉得应该存在某种二者都可以接受的真理。

阅读您交给《战斗报》的一大批文章，会产生这样一种印象，阿拉伯问题出现在您最为担忧的核心议题之列。您是法国境内少有的对这方面关系加以定位的人士之一，这在穆斯林群体中引发了大量期待。您能否为我们的读者明确指出，为了通向一种真正丰饶而富有创造性的法—阿

1　在加缪的认知中，圣奥古斯丁代表了对于信仰的绝对化，代表面对生活的荒诞，选择放弃自身的理性，一跃投入上帝的怀抱。黑格尔则代表了对于历史的绝对化，把一切价值的判断都放置于历史的终结。

政策[1]，到底应该走哪一条路？

这说来话长。只谈一点，之所以法国现在依然得到尊重，这并不是因为其旧日的荣光。今天的世界根本不在乎那些旧日荣光。真正的原因在于，法国是一股阿拉伯势力，这是一个百分之九十九的法国人都忽视的真相。如果在接下来的几年间，法国想不出一个伟大的阿拉伯政策，对这个政策来说就再也没有未来可言了[2]。对于一个贫困的民族来说，一个伟大的政策只会是一个模范政策。在这方面我只想说一件事：但愿法国能够真正地把民主政体引进阿拉伯世界，那么与之携手的将不仅有北非，还将包括其他所有传统上受其他势力摆布的阿拉伯国家。真正的民主在阿

1　这里的"法—阿政策"主要是法国在其北非殖民地（摩洛哥、阿尔及利亚、突尼斯）如何对待阿拉伯人的政治问题。1945 年 5 月 8 日，阿拉伯民族独立组织阿尔及利亚人民党在阿尔及利亚赛蒂夫和盖勒马地区发动暴乱，造成当地白人居民 102 人死亡、110 人受伤并有数十妇女遭到奸污。法国政府立即进行了强力镇压，官方数据称造成 1 165 名阿拉伯人死亡，但实际数目可能数倍于此。今天，"5 月 8 日事件"被历史学家视为阿尔及利亚独立战争的前兆，但当时巴黎的新闻界除了少量提及白人遇害一事，并未给予太多的关注，不仅因为 5 月 8 日恰逢纳粹德国投降，法国本土沉浸在一片欢乐之中，也由于法国报纸历来对阿尔及利亚缺乏关心。但当时身处巴黎的加缪立即于《战斗报》上连续发表六篇文章论述他对这一事件的看法，加缪也是当时巴黎的知识分子圈内唯一对此事立即表态的人。

2　20 世纪 30 年代时，法国政府曾经提出过一些试图给予阿拉伯人选举权的同化草案，加缪对此亦大力支持，但最后无疾而终。因此，法属北非阿拉伯人的平权问题一直未能得到有效解决。由于法国政府长期拿不出公平合理有效的法—阿政策，1954 年终于爆发了由阿拉伯人主导的阿尔及利亚独立战争，并最终以暴力方式完成了国家独立。

拉伯国家是一个全新概念。对我们而言，它将价值一百支军队和一千口油井。

这种对于北非的深情厚意来自哪里？我们由于战争的偶然曾被引向这一地域[1]，我们中间的许多人都和您分享着同样的感情。

我在那里出生[2]，那是一个广袤的国度，具备未受损伤的力量。远离它那片天空，我总是感到自己有点像在流亡。既然您也熟悉那里，那么您肯定理解我的意思。

《战斗报》以前经常要求政府和各个党派为那些他们认为对法国最为适宜的政策做出清晰定义。现在轮到您了，同样我也冒昧地请您为我明确讲述一下您的立场。

《战斗报》在它的时代定义过它的政治立场。不管表面如何，我们当时都很谦逊。我这代人将花上十年时间去创造那些属于他们的方式。我希望他们能够成功，我也将在自己的位置上为此努力，甚至我毫不隐瞒，我对那些传统上捍卫

1　1940 年 6 月法国投降后，戴高乐领导的自由法国运动在法属北非地区活动频繁。

2　加缪于 1913 年 11 月 7 日出生于阿尔及利亚东部小城蒙多维。

各类劳动者的政党更有好感。

　　不久之前，您放弃了您的记者工作。能问一下其中的理由吗？

　　我的那些理由在我看来都很恰当。

　　您的上一出戏《卡利古拉》的成功促使我引申到另一个话题。批评家们不断谈及某种哲学戏剧。您同意他们的说法吗？

　　批评家的职责是找出定义。作家们的任务是建构作品。二者不可能永远互相吻合。

　　您是否也同样认为，就像当下的舆论所说，您的戏剧包含着传达给人类的某种"消息"[1]？如果确实如此的话，这个消息是什么？

　　我从未向耶稣祷告过。我的身体很好，谢谢您。

1　消息（message）：该词在法语中一般意为"消息、信息"，同时也有"启示、训导"之意。在基督教语境中，常常提到耶稣通过其言行举止给予人类的各种"message"，因此加缪在回答时便从这个角度开了个玩笑，说他从不祈祷，意思是不要拿他和基督类比。尤其是考虑到《侍奉》是一份具有新教背景的杂志，这一回答更显得揶揄嘲讽。

在您参与过的所有活动中，我知道其中有一件事是您不愿别人和你谈起的，那就是您在抵抗运动中的活动。不过，作为结尾，我还是坚持请您谈谈关于那一时期的某段回忆。

所以忘掉抵抗运动吧。它让那些不了解它的人急不可耐，大多数人没回得来。从今以后我们可以赋予抵抗运动的一切，就是静默与记忆。

最后再问一句，关于1944年夏季[1]以来，在法国和世界上呈现出的政治与伦理方面的精神状态，您能给出哪些结论？

1944年以来的法国和世界？到了1960年，我们将有可能做出某种评判，它将有百分之一二的可能性是公正的。在此之前，但愿法国人对法国保持耐心，但愿法国对世界保持耐心，这是我能够给出的最革命性的祝愿。

1　即巴黎解放，法国光复。

西班牙对我们而言依旧是
一道无法愈合的伤口 [1]

加缪先生不在那里

（我相当惊讶，因为在我面前的正是手拿电话的加缪本人。加缪，消瘦、长脸、乱发，一双眼睛充满非凡的活力，在这个与故乡距离遥远、生活艰困的巴黎。

也许正是这种艰困的生活把这种炯炯之色赋予了加缪，因为不仅一双眼睛闪闪发亮，而且他的微笑也同样如此，还包括他说话时的言辞以及他永不停歇的双手。

因为加缪经历过一段艰难的青春。为了完成学业，他不得不从事各种工作：售卖汽车配件、从事海事代理、管理

1　该访谈最初发表于 1945 年 12 月 29 日的《西班牙共和周刊》，采访者是该刊物的主编之一。加缪的母亲祖籍西班牙，因此他从青年时代起便对西班牙保持着特殊的关注。1936 年西班牙内战爆发后，加缪曾在阿尔及利亚专门创作剧本《阿斯图里亚斯的起义》以示声援。西班牙共和派失败后，1939 年佛朗哥上台，成立独裁政权，对西班牙共和派残酷迫害，迫使他们大量流亡海外。加缪一直对法国政府的不作为表示强烈抗议，并对流亡者予以声援以及经济上的支持。

气象台、做政府职员、当演员。最后他做了记者，并因此得以频繁旅行。

即便一个人还没有积蓄起自身的光芒，一段类似的人生经历也足以令他光彩照人。而且，加缪曾经是抵抗运动中法国知识界——而且不仅仅局限于知识界——最突出的人物之一。

当我和一群朋友谈到准备就西班牙问题找个人进行采访时，有好几位同时提出了同一个名字：加缪。

事实上，加缪完全可以被所有西班牙流亡者称为同志，而且，所有在比利牛斯山另一边受苦的人，都可以把他称作他们的捍卫者。他二者都是，真挚恳切，带着一种卓越的率真，实在看不出一点点架子。

西班牙的事态对他而言几乎就是他个人的事，这是理所当然的。)

这并没那么了不起，我母亲是西班牙人，来自巴利阿里群岛 [1]。

(他熟悉我们的语言，熟悉我们的作家。他熟悉我们国

---

1 巴利阿里群岛位于西地中海，属于西班牙。加缪之母卡特琳·海伦·辛泰斯 1882 年出生于阿尔及尔郊区的比尔哈迪姆，祖上则来自巴利阿里群岛中的梅诺卡岛。

家的大问题和我们流亡者的小问题。无论远近，很少有杂志在谈论西班牙时不受加缪的启发。各种纪念册、文章、报道、呼吁、序言，加缪为我们奋笔疾书，孜孜不倦。他依然有充足的时间与爱意去为我们着想，给我们帮助，去为我们伟大诗人的出版工作出一份力：先是加西亚·洛尔迦 [1]，几个月之后是马查多 [2]。

加缪不仅仅是一位成功的作家，而且是一位大作家：他的《卡利古拉》是最能让公众留下深刻印象的剧作之一；他的《局外人》是最能让我们反躬自省的作品之一；他的《西西弗斯神话》是最能为我们对人性加以阐明的随笔之一；他的其他作品也都是如此。

不过加缪的伟大艺术作品属于他天生的诚恳，就如同一切艺术作品，都来自与其他人情感的共通。正是由于这个原因，我们之间的谈话漫长而卓有成效。加缪不是一位乐观主义者，他用一种无与伦比的、几乎令人羡慕的洞察力观察着"我们的事情"。)

1　费德里克·加西亚·洛尔迦（Federico Garcia Lorca，1898—1936）：西班牙诗人，西班牙内战爆发后被佛朗哥的军队杀害。加缪的好友、阿尔及利亚图书出版商爱德蒙·夏尔洛（Edmond Charlot）曾在 1940 年到 1946 年间出版过多部洛尔迦诗集的法语译本，很有可能是出于加缪的推荐。

2　安东尼奥·马查多（Antonio Machado，1875—1939）：西班牙诗人。佛朗哥掌权后，马查多作为西班牙共和派支持者，不得不逃往法国，最后死于法国边境小城科利尤尔。加缪曾为马查多的墓碑捐款。

一道绽开的伤口

九年以来[1]，我这一代人便体验着西班牙的生活。

这就仿佛一道无法愈合的伤口。正是通过西班牙，我们了解到，有道理的人也可以被击败。正是因为这一点，你们的战争已经是我们的战争了，因为它是一场为了自由的战争。

（加缪说话短促而跳跃，他的双手仿佛在用赞赏的手势把句子切断。）

尽管，在我们往昔的苦难过后，佛朗哥[2]及其同党的残暴终究会在我们眼中变得寻常，但某种无法弥补的正义依然会走上前台，它来自全民的激情。正是因为这一点，西班牙对我们而言依旧是一道无法愈合的伤口。它提醒着我们，当我们以为战争结束时，我们弄错了，就像我们在 1936 年也

1　即 1936 年 7 月 17 日西班牙内战爆发以来。

2　弗朗西斯科·佛朗哥（Francisco Franco，1892—1975）：西班牙独裁者。1936 年率领军队叛乱，1939 年推翻西班牙共和政府，成立独裁政权，以法西斯主义统治西班牙直至 1975 年去世。二战期间虽表面上未直接参战，但与纳粹德国保持着友好关系。战后由于坚定的反共立场而成为美国的盟友，因此未受任何制裁。法西斯主义由此在二战后继续在欧洲大陆留存。

弄错了一样，没有看出当时战争其实刚刚开始。

对于那些正在关注西班牙的人来说，如果我们拥有更加冷静的意识，我们的庸碌无为也许能少受一些谴责。佛朗哥杀死了洛尔迦，但法国却任由马查多在一座集中营门口[1]死去。在非正义得到纠正之前，那些在加西亚·洛尔迦遇害与马查多之死中看到过某种双重警告的人，不可能重获平静。

个人的理由

毫无疑问，存在许多个人的理由。按照血缘关系，西班牙是我的第二祖国。在这个喑哑的欧洲，在这个人们把某种可笑的念头当作激情的巴黎，我体内一半的血液正在因七年来强加给它的流亡而受苦，它憧憬着收复那唯一让我感到与自己和睦相处的土地，只有在那个国度，人们知晓如何度过一种不受生活之爱与生活之绝望影响的人生。

不过，西班牙之所以让我感兴趣，并不是出于个人反应。每一位欧洲的有识之士都对西班牙感兴趣。可以说他认识到，这个不幸的国家保存着西班牙通过它那些战争与革命

---

1 马查多死于法国边境小城科利尤尔，距离法西国境线大约十千米。在此，加缪将佛朗哥统治下的整个西班牙视为一座集中营。

努力表达的秘密。

西班牙与欧洲

如果没有贫穷的西班牙，这个引人入胜的欧洲将变成什么？西方一边力图发现各种总结与方针，一边撕碎了自己，西班牙却轻而易举地把它们制造了出来。但它只能通过造反的力量，通过自由的骇人冲击把它们传授出来。作为起义的故乡，它的那些伟大事业都是朝向不可能之物发出的强烈呼喊。它的每一项事业既是对世界的控诉，也是对世界的歌颂。

但是，世界不能少了西班牙，却如此自然地忽视它，以致我们几乎不敢对此表示震惊。否则，我们如何会同意只从西班牙接收那怪诞之物[1]呢？而且，不仅我们容忍这些怪诞之物，我们还和它签订商贸条约。

民主无国界

（加缪继续说着他短促的分句。他回顾了不久之前他对那些用尊严交换几斤橙子的法国人[2]发出诅咒时使用的言辞。）

1　指佛朗哥的法西斯政权。

2　即二战期间与纳粹合作的法奸。

那些只顾现实的人经常对我们说，这对我们完全不重要，这不关我们的事，民主就在于不要去管别人。这不对！我们已经知道民主无国界，我们比那些只顾现实的人更加清楚我们曾经为何战斗。我们战斗是为了自由人之间可以不带羞耻地看待彼此，是为了每个人都可以去体验属于他自己的幸福，不至于感到自己被迫背负起由他人的屈辱组成的重担。当西班牙这片自由的土地继续被专制所统治，哪个人能够感到自由呢？

自由必须提供给所有人，否则就给不了任何人。在这个世界上，每当有一个人被套上了枷锁，我们每个人就都被捆绑了一截。

未来

(加缪谈论着未来。他不认为未来令人愉快，但他认为未来确凿无疑。西班牙终将自由。

不过在此之前……)

在此之前，必须着重向美国人，向英国人，向所有国家里只顾现实的那些人证明，西班牙唯一可行的秩序，就是你们的秩序，共和派的秩序，向他们证明，结束令他们如此恐惧的极端主义的唯一手段，在你们的国家和在其他国家一样，就是让人有能力关注他们自身的幸福，而不是去积累对佛朗哥及其默许者的仇恨与怨愤。为了这个任务，你们可以把我考虑在内。不要认为我怀有私心。我只是想回西班牙，我在那里将会感到它比其他地方更令我宾至如归，但只要佛朗哥还在，我就不愿意去那里。

（显而易见，加缪可以确信，当佛朗哥不再统治西班牙，我们这些热爱加缪的人，将尽我们的一切努力让他感到"宾至如归"。他已经清楚地告诉了我们应该如何去做。）

多萝西·诺曼采访阿尔贝·加缪 [1]

"我反抗故我们存在！"

直截了当，毫不做作，精力充沛，阿尔贝·加缪抓住了美国先锋文学团体的想象。他被认为是"抵抗运动"时期最具天赋的年轻作家，受到这个国家众多人士的热情接待。

作为纳粹长期占领期间的地下报刊《战斗报》的发行人，加缪已经放弃了新闻事业，正在致力于书写一系列已经开始发挥世界影响力的意义重大的书籍。

面对这段时间向每一位法国年轻作家提出的第一个问题——"您是存在主义者吗？"——加缪颤抖了。他厌恶体系。他坚定地宣称："您借助思想原理和意识形态无法解释任何东西。"

---

1 该访谈最初发表于 1946 年 6 月 5 日的《纽约邮报》。加缪于 1946 年 3 月至 6 月访美，其间接受了美国女记者多萝西·诺曼（Dorothy Norman）的采访。

加缪断言绝望与彻头彻尾的焦虑在例如"存在主义"这样的当代哲学思潮中扮演了一个过于重大的角色，他主张我们应该通过某种积极的反抗而非消极的拒绝去解决我们的问题。

他本人的哲学思想是一种反抗思想，这绝不仅仅是一句空话。这方面的证据，不仅体现在他在战前与战争期间所采取的反法西斯主义的积极立场，还有他选择在其作品例如《局外人》中展开的诸多主题，这部作品几年前在法国完成并出版[1]，最近刚刚由阿尔弗雷德·克诺夫出版社[2]在美国发行。

"一般而言，理解偏差之处在于，"他解释道，"当人们使用'反抗'一词时，它通常被认为牵涉到拜伦式[3]的浪漫主义，或者马克思主义这样或那样的形式。但是反抗完全可以拥有某种更加谦逊的意义。"

---

1 《局外人》完成于 1940 年 5 月，1942 年由法国伽利玛出版社出版。

2 阿尔弗雷德·克诺夫出版社位于纽约，1946 年出版了《局外人》的英译本，译者为英国翻译家斯图亚特·吉尔伯特（Stuart Gilbert，1883—1969）。

3 乔治·戈登·拜伦（George Gordon Byron，1788—1824）。英国浪漫派诗人，在《该隐》《曼弗雷德》《唐·璜》等作品中塑造了一系列反抗英雄形象。1823年拜伦前往希腊，投身反抗奥斯曼帝国奴役的希腊民族解放运动，并在此期间病逝，希腊政府为他举行国葬，视其为英雄。拜伦的作品和人生使其成为反抗者的象征。

没有被摩天大楼却被包厘街¹吸引

他说,《局外人》的主人公,仅仅是"一个拒绝撒谎的人。这一点就是其含义的概括和要旨。书中的第二层意义则是,社会似乎认为,它需要的是一些只打算提供情感表层符号的人。如果有人敢于讲述他真正的感受,如果他反抗不得不撒谎的事实,那么社会终将把他摧毁。《局外人》是关于一个真诚之人反对这种世界的故事"。正是为了反对这种世界,加缪认为我们必须反抗。我们中间的每一个人。不仅仅是某种对我们自己的抽象,而是我们中间的每一个人——在每一次具体的行动中。不是在某个"异世"空间中,而是在此世之中。现在。甚至此时此刻。

加缪是一个谦逊的人。从他谈话的方方面面都可以感到。从他谈论纽约的方式中就可以感到这种谦逊。吸引他的不是我们的摩天大楼,而是我们的包厘街。相比他直到现在为止读过的 20 世纪文学,他更喜欢我们的 19 世纪文学——梅尔维尔²

1　包厘街(Bowery):纽约曼哈顿南部的一个小型街区,得名于荷兰语中的"bowerij"(农场)一词。包厘街是一处工人聚集区。

2　赫尔曼·梅尔维尔(Herman Melville, 1819—1891):美国作家。加缪最推崇的美国作家。梅尔维尔的代表作《白鲸》1941 年被译成法语以后,加缪进行了仔细阅读并做了大量笔记,对其《鼠疫》的风格形成起到了关键性影响。

与亨利·詹姆斯[1]。从他的穿着方式中亦可以感受到这一点。一身粗呢西服透着一种闲散的优雅。从他的表达方式中仍可以感受到这一点。没有哲学的佶屈聱牙。

在美国有一件事令他大为赞赏，那就是，作为欧洲人，他可以自由自在地闲逛而无人要求他出示身份证件时的那种美妙感觉。不过，尽管拥有这种自由，当他注意到我们对待黑人的无耻做派时，他悲哀地摇了摇头。如同大多数欧洲人一样，在这方面他被我们的态度震惊了，甚至在抵达我们的海岸线之前就已经被震惊了，这很明显，例如，在他决定亲自负责确保理查德·赖特[2]的作品在巴黎得到翻译出版的时候。

那个在山坡上推石头的人

"我寻思着，"他继续着他的沉思，"除开美国的朝气与显而易见的活力，我们这些欧洲外人，根据欧洲刚刚经历的危机，有没有什么东西能告诉美国。我想到的就是不安于现状。"

"不安于现状很重要。非常重要。我们被时代催促着。

---

1 亨利·詹姆斯（Henry James，1843—1916）：美国作家。加缪在其文章中对他鲜有提及，重要性远不及梅尔维尔。

2 理查德·赖特（Richard Wright，1908—1960）：美国非裔作家，作品多涉及美国的族裔问题，1946 年移居巴黎，与加缪、萨特、波伏娃等成为好友。

我们需要迅速成熟起来。我们没有时间浪费。"

出生于康斯坦丁省[1]，加缪在五个月大时被带到了阿尔及尔，在那里他一直生活到 1938 年[2]动身前往法国以便在报界展开工作。他在阿尔及尔公共市立学校接受了教育，在十岁时得到了一份奖学金，为了维持学业，曾从事过十二种职业，小小年纪就对哲学产生了兴趣。

他的父亲死于 1914 年[3]，当时加缪还是一个婴儿。他的家庭非常贫困。他的母亲为了供养他和他哥哥，在他们童年时无休无止地工作。他对未来的设想？

在美国，他充满激情地向学生和其他年轻人讲话，与那些具有人类相互依存意识的人建立联系。在他的寻觅中，就像在他的作品中一样，找到某种说明人类进步性的神学论据或者特定理性论据的必要性并不如找到进步本身的迫切要求那么令他费心。督促着他的，是希腊的西西弗斯神话，西西弗斯投入了一场注定失败的与逻辑抗衡的战斗，毫不间断地把一块巨石推向山顶，不顾事实上他不但永远无法抵达山顶，而且岩石总是不可避免地滚落山脚。

1　加缪出生于阿尔及利亚康斯坦丁省的蒙多维。

2　事实上加缪彻底离开阿尔及利亚前往巴黎进入《巴黎晚报》工作是 1940 年的事情。

3　加缪的父亲吕西安·加缪（Lucien Camus，1885—1914）在 1914 年第一次世界大战爆发后应征入伍，同年在马恩河战役中头部受伤，10 月 11 日死于后方医院。去世时加缪尚不足一岁。

他本人的哲学立场超越了笛卡尔[1]的传统理性主义。他如此总结道："笛卡尔说过'我怀疑，所以我思考，所以我存在'。对我而言，我把笛卡尔的'我怀疑'加以替换，落实为从理性主义的角度看世界是'荒诞的'。因为世界是'荒诞的'，所以我不说'我思考'，而说'我反抗'。如果我在反抗，这并不意味着'我存在'，而是'我们存在'[2]。换句话说，我的反抗不但涉及我自己，而且涉及人类。"

第四阶段的作品将被献给爱

加缪哲学思想的三阶段最终将在目前已经预先加以考虑的三组系列作品中得到展现："荒诞"系列反映的是一本像《局外人》这样的书的特点；第二个系列将在关于人类反抗的作品中得到体现；第三个系列将基于"我们存在"这一观念，由一部小说、一本随笔和一出戏剧加以表现。于是我问他："之后是什么？""那么，"他微笑着回答道，"将会有第四个阶段，我将写一本关于爱的书。"

1　勒内·笛卡尔（René Descartes，1596—1650）：法国哲学家，理性主义哲学的代表人物。

2　"我反抗故我们存在"最终在出版于 1951 年的《反抗者》中得到了详细论述。加缪在该句法中相比笛卡尔最大的突破，就是从单一的"我"扩展为集体性的、团结的"我们"。

在已经完成的作品中，除了《局外人》，还有《西西弗斯神话》《卡利古拉》《致一位德国友人的信》《误会》《婚礼》。

加缪放弃新闻工作全力投身作家事业的决定是决定性的。在当下的法国，带着这样的构想要养活一个女人和两个孩子[1]并不容易——尤其是当我们拒绝"妥协或庸俗化"的时候。

尽管身体脆弱，加缪依然是一个肩负使命的果敢年轻人。我们不禁想到，他清晰可感的谦虚以及他的献身精神将引导他走得长远。

1　加缪1940年与弗朗西娜·福尔（Francine Faure，1914—1979）结婚，1945年生下一子一女，让·加缪（Jean Camus）与卡特琳·加缪（Catherine Camus）。

三次访谈

一　与加缪相遇 [1]

（自从我阅读了《局外人》《西西弗斯神话》和《鼠疫》之后，一大堆问题刺激着我对加缪的好奇心。在我看来，加缪其人掌握着某些他作为作家在其作品中对我们遮挡的或者说半遮半掩的秘密——尤其是某种伦理因素，或者某种生活方式，使他能够为他自己解决那些纠缠他绝大部分著作的矛盾与困境。我想让他解释一下这些秘密，正是它们赋予他力量，让他走得比他小说人物的停步之处更远，比西西弗斯看到巨石重新滚落的那个荒诞之地更远。我不敢说从加缪那里得到了自己期待的所有回答。但至少，我了解到了一件令人

1　该访谈最初以"与加缪相遇"为题发表于 1948 年 6 月第 111 期《开罗杂志》。之后与其他两篇访谈合并，以《三次访谈》为总标题收入 1950 年出版的《时事评论集》，出版时对提问者埃米尔·西蒙（Émile Simon）的提问进行了删节。在此译者根据《开罗杂志》原刊进行了还原。

震惊的事：他的人生并非始于撕裂，而是始于融洽与圆满，因此，他是在他之外遇见了他反抗以及欲求杀死命运的客观动机。

以下便是我的问题：)

在您的小说《鼠疫》中有一个角色，我想他叫朗贝尔[1]，在他的同胞们于灾难中积极行动东奔西走之际，在他们竭尽全力将他们的情绪与苦难相适应之际，他保持平静，一如既往，不受触动，多次重复声称他想坚持用双眼固执地紧盯幸福（对他而言，幸福表现为一位他深爱的、想要与之重逢的、身处鼠疫之外的女性）。他说得很清楚，如果只想着独享幸福，这样有些羞耻，另外他也尽其所能地协力对抗灾难。不过，尽管如此，在他的脑海里，始终潜藏着这个关于幸福的理念，仿佛统摄他一切行动的最高要求。

您不认为在这种幸福理念的基础上确实可以建立某种非常纯粹的道德，尽管它在某些人的思想中令人恼火地与自由放任、肉体享乐、生活安逸混为一谈？幸福是一种极其高超的、极难征服的美德，还有什么比一个幸福的人更加罕见呢？

1　朗贝尔是《鼠疫》中的人物之一，身份是外地来的记者。在鼠疫开始时，他想方设法逃离，想去和自己远在他乡的女友重聚，后来，他得知里厄医生的太太也不在身边，大受触动，决定留下与众人一起抗疫。

基督教道德过于倾向推崇苦难，仿佛苦难是一种至高的价值，或者起码像是一种抵达更高价值的手段，面对这种基督教道德，您难道不认为，我们可以有理有据地证明，对于人类而言，他最迫切的责任就是，在人世间，为自己和他人实现可能存在的最有质量的幸福吗？

我们这个撕裂的世纪，它由于相信其受到的苦难皆出于宿命而变得意气消沉，却又身陷这种宿命病态的快感之中，一个幸福的人——积极主动、无往不胜地感到幸福，一个这样的形象对于这个世纪而言难道不是一种典范吗！

是的，为了幸福。但是这并不排他。帕斯卡尔[1]说过，错误总是来源于某种排他性。如果只追求幸福，那么将抵达浅易。如果只耕耘灾祸，那么将陷入纵容的境地。希腊人曾经知晓，存在属于阴影的部分，也存在属于阳光的部分。今天，我们眼里除了阴影再无其他，而那些不愿灰心绝望之人的工作，就是重新呼唤阳光、呼唤生命的正午。不过这是一个策略问题。总之，必须追寻的目标，不是一劳永逸，而是均衡与克制。

---

1 布莱斯·帕斯卡尔（Blaise Pascal，1623—1662）：法国哲学家，著有《思想录》。加缪对帕斯卡尔的思想进行过系统而长期的思考，帕斯卡尔在顺服与绝望、伟大与悲惨之间的撕裂，在加缪的诸多作品中都可以发现其回声与回应。

在您的作品中最激动人心的片段之一，就是目睹一个身患鼠疫的幼童受苦与临终的场景[1]。这临终一幕在里厄大夫身上引起了一种反抗，它无法不使人联想到在您的全部作品中都可以找到回声或光芒的那种反抗精神。

难道不可以归纳出，这种儿童受到的苦难——多么无意义，多么畸形和无法辩解——是一个明显的事实，正是这些事实导致您拒绝相信基督教徒所谓"神意"，致使您把创世看成一个失败的鸿篇巨作？

面对这种苦难，基督教徒几乎只能用某种信仰行为与之对抗。在您的作品中，帕内鲁神父回答里厄大夫说，必须去爱那些无法理解的事物，尽管儿童受到的苦难对于头脑与心灵而言都是一种令人感到耻辱的真相，但必须允许，因为上帝允许，应该把辩护的事情交给上帝去操心[2]。

不过，基督徒的这种信仰行为，这种理性对于最骇人听闻的非正义的屈服，仅仅是一种放弃，一种逃跑行为。基督徒在这里愿意保持信仰，是为了拯救他自己，是为了拯救他灵魂的安宁。

唯一符合人类身份的态度，就是里厄大夫的态度，他

1　见《鼠疫》第四章第三节。

2　提问者在此处似乎并未真正理解帕内鲁神父在《鼠疫》中的思想转变。参阅《鼠疫》第四章第四节。

哪怕在精神上也拒绝向罪恶让步，运用其智慧与心灵的一切资源，只为把苦难逐出人类的领域。

这难道不正是您思想的本质吗？

确实，所谓不可逾越的障碍在我看来是关于恶的问题。不过对于传统的人道主义而言，这也同样是一种现实的障碍。有一些儿童的死亡意味着上帝的专横，而同样有一些孩子的被害表明了人的专横。我们被夹在这两种专横之间。我的个人立场——如果能够得到辩护的话——认为如果说人类不是无辜的，那么他们所犯的也只是无知之罪。这一点还需要展开说明。

您说基督教信仰是一种放弃，但我在像您一样这么讲之前会思考一番。我们能够把"放弃"一词送给圣奥古斯丁[1]或帕斯卡尔吗？应该通过一门学说所达到的顶峰去对它进行判断，而不是通过它的各种副产品，这才是诚实的做法。另外，尽管我对这方面所知甚少，但我感觉，信仰是一种悲剧性的希望，更甚于一种内心的安宁。

然而，我不是基督徒。我出身贫寒，生于一片幸福的天空下，在自然世界中，与之共存时我感觉到一种融洽，而非敌

1　圣奥古斯丁（Saint Augustin，354—430）：早期基督教神学家，出生于北非今阿尔及利亚境内。加缪在青年时代便对圣奥古斯丁产生了兴趣，在其本科学年论文《基督教形而上学与新柏拉图主义》中，专门对圣奥古斯丁进行了分析和探讨。圣奥古斯丁关于虚无、荒诞、拯救、圣宠等内容的思考也是加缪的重要思想资源。

意。因此我的生活并非始于撕裂，而是始于圆满。之后……不过我感觉自己有一颗希腊人的心。那么在希腊精神中到底有什么是基督教无法容忍的呢？有很多东西，而尤其是这一点：希腊人不否认诸神，却为他们审慎地安排了属于他们的位置。基督教，借用一个流行词来说，则是一种"完全的"宗教，希腊精神却仅仅分到一隅，它令基督教无法忍受。不过希腊精神相反倒是能够很好地容忍基督教的存在。任何一位聪明的基督徒都会对您说，既然如此，他更喜欢马克思主义，只要马克思主义愿意接受他。

这是法理方面。还剩教会要谈。如果教会的精神领袖们使用百姓的语言讲话，去亲身体验大多数人正在经历的危险而悲惨的生活，那么我就会严肃对待教会。

加缪，您的绝大多数作品，都试图用这样或那样的方式，去强调人生与世界中令人痛苦的不一致性以及根深蒂固的荒诞性。

不过，对于一位作家而言，写作或者创作，这么一个简单的行动是否足以驱除荒诞，足以拉住西西弗斯那块随时准备从他身上碾过的巨石呢？您相信写作行为具有某种超卓的效力吗？或者您认为，一般而言，对于让人类重新找到其命运的意义，一切有效的行为，一切有条理的举动，都具有相同的用处吗?

人的反抗有两种表达方式:创作和革命行动。在人身上和身外,最开始他只会遇到无序以及统一性的缺失。在秩序无存的情况下,正应该由他出面尽其所能地建立秩序。不过这个话题把我们引得太远了。

您难道不认为,那种在我们身上使荒诞感变得愈发尖锐的东西,那种加剧我们命运的不一致性的东西,恰恰是我们经历的一个个骇人的历史事件,是一个从1914年以来便奄奄一息的文明在灭亡之际的垂死挣扎吗?它在穿过两次世界大战之后,依然没能成功发现必然随之而来的另一种文明形式。因此,个体与一个呼唤他们正常亮相的社会环境之间再也没有任何坚实联系与一致性了吗?

贯穿我们文学的悲剧意识并非始于昨日。自从这一意识存在以来,它就贯穿于一切文学之中。不过,历史局势确实在今天令这一意识变得尖锐。因为今日的历史局势需要一个普适的社会组织。明天黑格尔[1]将会得到他的明证,或是

---

1 格奥尔格·威廉·弗里德里希·黑格尔(Georg Wilhelm Friedrich Hegel,1770—1831):德国哲学家,其思想在20世纪上半叶的法国流传甚广。加缪从青年时期就接触到了黑格尔的部分思想,并对其多有批判,尤其是黑格尔的历史哲学,黑格尔认为历史有其终点和最高阶段,这一点遭到了加缪的严厉反对。

我们所能设想出的最血淋淋的否认。所以当今之事质疑的不是某个国家实体或个人命运，而是全体人类的处境。我们正处于审判前夜，不过关涉的是人对其自身的审判。这就是为什么每个人都彼此分离，都孤立在各自的思想之中，仿佛每个人都会以某种方式成为被告。不过真理并不存在于分离之中。它存在于聚合之中。

　　当下最优秀的一批作家——您也是其中之一——都不约而同地联合起来，去捍卫被他们称为也被我们称为个体自由与权利的东西。

　　不过，也许我们已经进入了一个这样的世纪，在这个世纪中这些自由与权利必须具有某种与它们在资产阶级社会中完全不同的地位吗？也许，当我们在绝对与抽象中捍卫它们的时候，我们事实上都成了这些价值曾经拥有的过时失效形式的囚徒而不自知。也许应该根据现代世界，根据"大众文化"（这两个词坚决地连在一起）——那些巨型社会正在朝这一目标迈进，在欧洲的东边与西边它们似乎正准备收拢我们的遗产——重新思考个体自由？

　　我们尤其对支持作家的自由大惊小怪，这种支持在我们的头脑中被表现为对他与社会对抗的能力的支持。然而这种对抗仅仅是历史演进中的一个意外而已。

曾经存在过一些时代，作家的伟大与他对社会环境的凝聚力直接相关，与他的再现能力直接相关，也许我们即将认识另一个这样的时代。只有身处一个正在走向瓦解的社会中，作家的德行才会与他持不同政见的能力相关。

当人们捍卫某种自由之时，总是在抽象中对其加以捍卫，直到需要付出代价的时刻到来为止。我没有兴趣为了持不同政见而持不同政见。不过，您谈到的内容，举例来说，为一个在希特勒即将获胜的国家撰写《尼贝龙根》[1]的德国民族主义作家进行了辩护。《尼贝龙根》将因此建立在千百万死难者的白骨之上。还需要我对您说这种一致性在我看来代价过于高昂吗？

在您看来作家所要求的自由相比什么而言是抽象的呢？与社会的需要相比。但是，假如言论自由在几个世纪以来从未被赢得过，那么这种需要在今天看来便空洞无物。正义必须以权利为前提。而权利需要靠自由来捍卫。为了行动，人必须说话。我们知道自己捍卫的是什么。再者，每个人都以某种一致性的名义说话。任何一种"不"都以一个"是"为前提。我则以一个不会通过经济压迫或军警压迫强

---

1 《尼贝龙根之歌》是中世纪的德语英雄史诗。之后于 19 世纪末被德国作曲家理查德·瓦格纳改编为《尼伯龙根的指环》。瓦格纳的作品中具有德意志民族主义运动的鲜明精神，在希特勒执政时期的纳粹德国受到了高度推崇。加缪在这句话中影射了瓦格纳和他的作品。

制人保持沉默的社会之名说话。

　　苏联社会拒不准许作家专心致志地探究我们口中的
"艺术价值"。它把这种探究揭露成一种退化的形式主义，使
作家背离其表现世界的任务。

　　在如今的法国作家或艺术家之中，已经有一些人在附
和这种观看方式。还有一些人也参与其中，但并不全都是共
产党人。

　　您难道不认为他们都把文化置于死地，甚至错误地理
解了艺术作品的本质功效存在于何处吗？

　　这是一个错误的问题。不存在现实主义艺术。（即便摄影
也不是现实主义：它进行选择。）您所提及的作家，无论他们
怎么说，他们都在运用艺术的价值。一个共产主义作家，从他
书写传单文字以外的东西的那一刻起，他就是一位艺术家，由
此他就永远不可能完全吻合于某种理论或宣传口号。这就是为
什么无法对文学进行管理操纵，充其量是把它查禁消灭。俄国
并未消灭文学。它认为能够利用本国作家为其服务。但是这些
作家即便出于好意，也总会由于他们的职能本身而成为异端。
我说的这些内容在那些关于文学界大清洗的叙述中可以看得相
当清楚。因此，这些作家并不像您说的那样置文化于死地。是
文化在置他们于死地。这就好像带着被逼无奈的团结之情面对

一座荒诞的耶稣受难像一样，我这样说并不是什么反讽。

二　为了对话的对话 [1]

未来相当黯淡。

为什么？既然从今以后我们已然对最坏的情况有所准备，那么就没有任何事情值得畏惧。因此，余下的就是希望与斗争的理由。

和谁一起斗争？

为和平而斗争。

无条件的和平主义者？

直至新秩序建立之前，都是无条件的抵抗者——并且正如别人对我们提议的那样，投入全部热情。

1　该访谈最初发表于 1949 年 7 月的《捍卫人类》杂志，之后以《三次访谈》为总标题收入《时事评论集》，出版时有删节。在此译者根据《捍卫人类》杂志原刊进行了还原。《捍卫人类》杂志由法国著名无政府主义兼和平主义者路易·勒库昂（Louis Lecoin）于 1948 年创刊，他也是该访谈的提问者。

总之，用通俗的话讲，您没有随大流。

没有随这一波[1]。

这并不太自在。

是的。我曾试图光明正大地参与其中。我已经摆出了严肃的态度！而且，我已经顺从了：应该把犯罪者称为罪犯。我现在参与的是其他的事情。

一个全方位的"不"。

一个全方位的"是"。自然，存在一些更加明智的人，他们会试图与现状和解妥协。对此我没有任何异议。

所以？

所以，我支持立场多元。我们能够支持那些自己都不确定自己有没有道理的人吗？我就是这种情况。无论如何，我从不谩骂那些和我意见相左的人。这是我唯一的独特之处。

1　指上文提到的宣扬无条件和平的运动。

我们能否说得更明确一些？

明确一些。根据纽伦堡法庭[1]的定义，今天的各国领导人，无论俄国的、美国的，有时还包括欧洲的，都是战争罪犯。所有以这种或那种方式支持他们的国内政治人物，所有神职人员，无论是否掌有教权，但凡没有揭露那些令世人受害之骗局，统统具有这一犯罪性质。

什么骗局？

那种想让我们相信强权政治无论如何都可以把我们带向一个更美好的社会，到那时社会解放终将实现的骗局。强权政治意味着准备开战。准备开战，尤其是战争本身，恰恰使得这一社会解放成为不可能。您只关注到您身边的事情。社会解放以及工人的尊严与国际秩序的建立息息相关。唯一的问题是，要思考清楚我们实现这一目标究竟需要通过战争还是和平手段。正是这一选择，决定了我们应该团结一致还是分道扬镳。其他所有选择在我看来都无关紧要。

1　纽伦堡审判是盟军从 1945 年 11 月到 1946 年 10 月根据国际法和二战后的战争法举行的一系列审判活动，在德国纽伦堡市举行，对纳粹德国政治、军事、经济、法律等方面的主要责任人进行了公审。他们不但被控告犯有战争罪，而且还被指控犯有反和平罪、反人类罪。

您做出选择了吗？

我在为和平下注。这就是属于我的乐观主义。不过必须为和平做些事情，而这将相当艰巨。我的悲观主义正在于此。总之，如今唯一让我赞同的，就是力图在国际层面上发展的和平运动。真正的现实主义者恰恰在他们中间。我与他们站在一起。

您想到慕尼黑[1]了吗？

我想到了。我所了解的那些人不会以任何价格购买和平。不过，考虑到伴随备战产生的灾难以及一场新的战争将带来的难以想象的灾祸，他们认为在竭尽一切可能性之前不可以放弃和平。慕尼黑已经签署了协定，而且是两次。在雅尔塔[2]和波茨坦[3]。签署者正是如今绝对好斗的一群人。不是我们把东方人民民主制度下的自由党人、社会党人和无政府

1　1938 年 9 月，英法德意四国首脑在德国慕尼黑签订《慕尼黑协定》，在捷克斯洛伐克未能出席的情况下割让其苏台德地区给德国，是英法为了避免战争对希勒特做出的妥协，被视作绥靖政策的代表。

2　1945 年 2 月 4 日至 11 日，丘吉尔、罗斯福和斯大林在苏联克里米亚的雅尔塔举行会议，制定了第二次世界大战战后的世界新秩序和列强利益分配方针，对战后的德国、波兰、日本、蒙古甚至中国的相关领土权益或商业利益进行了瓜分。加缪对此表示强烈反对。

3　1945 年 7 月 17 日至 8 月 2 日，美、英、苏三国首脑在德国波茨坦举行波茨坦会议，基本延续了此前雅尔塔会议的方针，签订了《波茨坦协定》。

主义者交给了苏联法庭。不是我们绞死了佩特科夫[1]。是那些致力于瓜分世界的协定签署者们的所作所为。

正是这些人指责您是一个空想家。

他们应该这么做。就我个人而言，我接受这一角色，因为我对杀手职业没有兴趣。

会有人告诉您必须如此。

在这方面，从来不缺少候选人。一些壮汉看起来就不错。因此我们可以分工。

这是非暴力主义吗？

确实有人把这种态度归于我名下。不过这是为了更充分地加以反驳。所以我再重复一遍。

我不认为必须用祝福回应枪炮。我相信暴力无法避免。占领时期[2]的那几年教会了我这一点。所以我绝不会说应该

1　尼古拉·佩特科夫（Nikola Petkov，1893—1947）：保加利亚政治人物。在二战后因反对保加利亚共产党以间谍罪被判处绞刑。1990 年获得平反。

2　法国在二战中战败后从 1940 年至 1944 年部分国土被纳粹德国占领。加缪在此期间参与了抵抗运动。

把一切暴力统统废除，这很让人期待，但事实上完全是空想。我只是说，应该拒绝一切对暴力的合法化。暴力既是必要的，也是无法辩护的。因此，我认为必须令它保持其特例属性，尽可能收紧在一定的限度之内。这就是说，我们不应该赋予它法律或哲学方面的意义。

所以我并不宣扬非暴力主义，我很不幸地知道它是不可能之事，我也不会像那些爱开玩笑的人一样去宣扬什么圣洁。我太知道什么是完全纯洁的道德，以至于无法相信它。不过，在一个人们竭尽全力拿出相互对立的论据为恐怖手段辩护的世界上，我认为应该为暴力提供一个限度，使其局限于某些领域之内，避免其狂暴之力一冲到底。我厌恶那种舒适的暴力。以法律或学说的名义杀人，这有点轻巧。我厌恶那些不亲自动手的审判者，就像我们的很多大思想家。

结论？

我刚才提到过的那些人，他们在为和平奋斗的同时，还应当想办法在国际上通过一套法典对暴力进行明确限制：取消死刑，废除期限不明的判决，废止法律的溯及力[1]和集

1　溯及力，也称法律溯及既往的效力，是指法律对其生效以前的事件和行为是否适用。

中营制度。

还有吗?

更确切地说,还需要另一种框架。不过,如果这些人已经有可能大规模参与到现有的和平运动之中,在国际范围内联合起来共同发挥作用,通过话语和实例,草拟并传播我们需要的全新社会契约,那么我认为他们符合实际情况的要求。

如果我有时间,我还会说,这些人应该试着在他们的个人生活中保留一部分不属于历史范畴的乐趣。有些人总想让我们相信,当今世界需要这样一类人,他们与他们信奉的学说完全保持一致,通过对其信念的绝对服从去追求最终的结果。我认为,在世界当前的境况下,这类人做出的坏事将多于好事。不过,虽然我根本不信,但姑且让我们假定,他们终于在时间终点让好事获得了胜利,那我认为还需要存在另一类人,他们注意保护细微的差异、生活的方式、幸福的机会、爱情,最后还有艰难的心理平衡,即便完美社会在当时已经实现,这些人的孩子们终归需要这些。总而言之,我以作家的身份在这里说话。作家们永远站在生命一边对抗死亡。这个可笑职业的高贵之处在哪里,难道它的所作所为不恰恰是为生灵的利益与幸福的理由不懈辩护吗?

三 未发表的访谈 [1]

……当然，一方面自称革命者，另一方面却拒绝死刑，拒绝限制自由，拒绝战争，这就等于什么也没说。因此，暂时什么也不要讲，除了自称革命者并且颂扬死刑、颂扬消灭自由、颂扬战争，而这仅仅说明我们是反动派，在这个词最客观、最令人沮丧的意义上。这是因为当代的革命者们已经接受了这种语言，因为如今我们正在全世界范围内经历一段反动的历史。对于一个依旧令人陌生的时代而言，历史是由对立于民众利益与人性真理的警察国家与金钱帝国造就的。不过也许正是出于这些原因，希望才有可能存在。既然我们现在不再生活于革命时代，至少让我们学会如何生活于反抗者的时代吧。知道如何说"不"，每个人都在自己的位置上努力创造对于任何革新而言不可或缺的鲜活价值，维护那些值得维护的，培养那些值得存活的，试着去感受幸福，从而减轻对于正义的可怕胃口，以上这些就是复兴与希望的诸种理由。

1　加缪最早构思本篇的目的并不是做一次访谈，而是节选自他在1949年前后为《时事评论集》所作但最终放弃使用的长序。在《时事评论集》的草稿目录中，《三次访谈》曾被加缪命名为《两次访谈》，不包含本篇。《时事评论集》最终定稿时收入《三次访谈》。

……有一种讹诈，从此以后，再也行不通了。有一些骗局，从此以后，我们将严厉地予以揭露。我们将拒绝更长久地相信，沙龙与内阁中的基督教能够不受惩罚地忘却监狱中的基督教。不过，由于推行基督教的政府一贯拥有充当同谋共犯的天职，我们将不会忘记，马克思主义是一种控诉学说，其辩证法恰在诉讼领域赢得实绩。我们将实事求是地称呼这些事物，对社会主义[1]也将有一说一。

我们知道我们的社会建立在谎言之上。而我们这代人的悲剧性就在于，曾经，在希望的虚幻斑斓下，我们看见在旧的谎言之上叠加了一种新的谎言。至少，如今再也没有任何东西强迫我们把暴君称作救星，用全人类的拯救来为谋害儿童辩护。我们将因此拒绝相信，达成正义会要求消灭自由，哪怕是暂时地消灭自由。如若相信这些，那么专制也从来都是暂时的。有人向我们解释说，在反动的专制与进步的专制之间存在巨大的差异。如果是这样，就会存在符合历史语义的集中营以及一种意味着希望的强制劳动制度。假如这是真的，那么至少还要问一问这种希望的具体期限是多久。如果这种专制，即便是进步的专制，延续超过一代人的时间，那么它对于千百万人而言就意味着一生为奴，再无其他。当所谓"暂时"涵盖了一个人的一

---

1 此处特指20世纪40年代的苏联社会制度。

生，暂时对于他而言就是最终结果。而且，我们在此已经陷入了诡辩。没有权利，正义就行不通，而如果没有对于这一权利的言论自由，那么就不存在权利。这种正义，如今有许多人正为之而死或造成死伤，我们现在之所以能够如此高傲地谈起它，仅仅是因为，纵观历史，少数自由思想家曾经为其夺得了表达的权利。在这里，我赞颂那些被人们轻蔑地称作"知识分子"的人。

我回答……[1]

您正在这里做什么？

做我们能做的。

这有什么用？

联合国有什么用？

戴维斯[2]为什么不去苏联发表讲话？

1　本文最初发表于 1948 年 12 月的第一期《世界性祖国》杂志。文章采用了访谈形式，其实问题均为加缪本人虚构，是加缪与弗朗索瓦·莫里亚克（François Mauriac）就世界和平等问题进行的一次隔空论战。

2　盖瑞·戴维斯（Garry Davis, 1921—2013）：美国人，二战期间的美军轰炸机飞行员，在轰炸德国期间见证了战争的残酷与野蛮，战后成为国际和平主义者。于 1948 年放弃美国国籍，宣称自己是 "世界公民"。他于（转下页）

因为有人不让他去。在此期间，他像对其他人一样，把那些话都对苏联代表说了。

戴维斯为什么不去美国发表讲话？

讲点逻辑吧。您每天都在说联合国是美国人的殖民地。

为什么您不放弃法国国籍？

这是一个不错的反对意见，有点阴毒，但合情合理，因为它从我们的朋友引到了我们自己。我的回答是：戴维斯在放弃美国国籍之时，已经放弃了数量众多的特权。然而，今天做一个法国人，意味着更多的责任而非特权。一个人要在他的祖国陷入危难之际把它抛弃，这很难做到。

您不觉得戴维斯的举动有表演性，因此可疑吗？

如果一个简单的事实在今天也具有表演性，那么这并

（接上页）1948 年 11 月 19 日，"以全世界未被代表的民众之名"，打断了在巴黎举行的联合国大会，要求全世界各国政府结束民族主义战争，之后遭到逮捕。加缪在 1948 年 11 月 20 日的《自由射手报》上发表题为《我们与戴维斯在一起！》的评论文章，以示对戴维斯的支持。莫里亚克则在 12 月 11 日的《费加罗报》上发表文章，对加缪的立场进行了讽刺。加缪继而以《我回答……》对莫里亚克进行了回应，在其中的问题部分加缪模拟了莫里亚克的立场。

不是他的错。就此而言，苏格拉底也同样在市集广场上进行过定期表演[1]。而人们最终根本无法向他证明他是错的，只能把他判处死刑。这恰恰是在当代政治社会中最常用的驳斥方式。但这也同样是这个社会承认其堕落无能最寻常的手段。

您不认为戴维斯在为美帝国主义服务吗？

戴维斯，在放弃美国国籍之时，已经与这种帝国主义以及其他各种帝国主义一刀两断。这就赋予他谴责这种帝国主义的权利，至于那些试图对苏联以外的一切国家主权加以限制的人，在我看来很难把这种权利交给他们。

您不认为戴维斯在为苏帝国主义服务吗？

把与前一个问题同样的回答倒过来说一遍，同时我补充一点：各种帝国主义就如同孪生兄弟，它们共同成长并且无法相互容忍。

---

1 根据后人记载，苏格拉底经常在广场上向雅典人提问，寻找他们的逻辑漏洞，继而帮助他们认识自己的错误。苏格拉底的智慧使得那些被他质疑愚蠢的雅典政治人物对他恨之入骨，最终以不敬神和腐蚀雅典青年思想的罪名将其判处死刑。

国家主权是现实存在的，您不认为应该重视现实吗？

癌症也同样是一种现实，而我们却力求将其治愈。没有任何人能够继续厚颜无耻地说，一个多血质[1]的人要治愈癌症，必须多吃牛排。医生们确实从来没被当作揭示全部真理的宗教领袖。这就是他们比我们的政治人物优越之处。

尽管如此，在当下的历史情势中，对于国家主权的限制难道不是某种空想吗？（这是《联盟》[2]中的一篇未署名文章所阐明的反对意见。）

戴高乐将军将对《联盟》进行答复。他说过，关于鲁尔区[3]，为了认清并拒绝一个糟糕的解决办法，我们并不是非得在手头拥有一个正确的解决办法。另外，戴维斯也提出过一个解决办法，正是您宣称它是空想。您让我们想到那些一

1　多血质是公元前 5 世纪古希腊医学家希波克拉底对人类气质的定义，分为多血质、胆汁质、黏液质和忧郁质，之后该分类法在欧洲古典医学体系中得到了进一步发展。多血质的人血气旺盛，性格活跃。根据该理论，多血质过盛应该少吃牛肉，减少血气的摄取。

2　指夏尔·戴高乐（Charles de Gaulle）于 1947 年组建的"法兰西人民联盟"旗下的《联盟》周报。加缪在此影射了 12 月 4 日发表于该报头版的文章《法国国境线不从伦敦与枫丹白露经过》。

3　鲁尔区是德国西北部工业基地。二战之后，1946 年戴高乐提出，应该由法国控制德国的鲁尔区，永久限制德国的经济能力并提振法国的实力。该提案并未获得国际支持。

家之主，他们就是以现实的名义，对子孙的冒险精神加以警告。最后，这些子孙有时会以违抗父命、放弃家业的方式为家族争光。因此，历史从来就是得到具体化的空想。

您不认为美国是在全球实现社会主义的唯一障碍吗？（这个问题有时也存在另一种表达方式：您不认为苏联是世界自由的唯一障碍吗？）

您带着一种固执预见一场战争值得大的利用，这场战争如果真的发生，倾泻在世界上的毁灭与痛苦的总量会令第二次世界大战相形见绌，将使任何历史前景变得不可预估。在这个遍布废墟的欧洲，人们甚至无力为其痛苦哀号，我不认为自由或者社会主义有什么价值。

这是否意味着相比于战争，您宁可选择屈服？

我知道你们中的某些人乐意在上吊和枪决之间进行选择。这就是他们对于人的自由所形成的观念。至于我们，为了让这种选择不至于变得不可避免，我们尽己所能地行动。你们，你们则为了让这种选择变得不可避免，正在着手准备所需的一切。

但是如果这不可避免，您怎么做？

虽然我不相信，但如果您终于让这一切变得不可避免，我们除了世界末日再无其他选择。剩下的，就是新闻报道，而且是最蹩脚的新闻报道。

我说完了，作为收尾，我将向我们的反对者们提出一个问题。现在轮到我了。在他们的内心深处，他们是否确信，引领他们行动的学说教条或政治信念已经足够正确，以致他们不假思索地抛弃一些人的警告，这些人提醒他们注意数百万人的苦难、无辜者的呼号、最纯朴的幸福，请求他们把这些不幸的真相与他们即便合理的期望加以平衡。他们是否确信，已经有足够充分的理由去冒着哪怕千分之一的风险进一步接近核战之危。是的，他们是否对自己如此确信，如此不可思议地永远正确，以致他们一定能无视一切，这就是我们对他们提出的问题，一个已经对他们提出过的问题，现在我们等待着他们的回答。

加缪断言："自由是现代世界 最严峻的问题。"[1]

对于依然与冲突保持距离的美洲人而言，他们很难理解各式各样的压迫在欧洲人心理上留下的深刻烙印。而我们依然保留着关于集中营的痛苦印象，而它如今已被痛苦取代。这样的斗争引导我们去检验各种使全社会挣扎其中的深刻矛盾。人性如何能够孕育出酷刑营地呢？我们立刻就被引上了反抗之路。

反抗与自由

我认为当前最严峻的问题就是自由问题。理解这一问题全部意义的人完全清楚，自由是对于和平以及人类的任何

1　该访谈最初发表于 1949 年 8 月 6 日巴西圣保罗的《日报》。加缪于 1949 年 7 月底于里约热内卢登岸，开始他人生中唯——次对南美洲的访问，并一直在巴西境内游历到 8 月 9 日，之后动身前往乌拉圭、阿根廷和智利。该访谈便是此次行程期间在圣保罗接受的专访。

进步而言不可或缺的条件。只有那些支持独裁的人以及集中营负责人能够成为战争拥护者。作家的职责，就是对一切形式的奴役拉响警报并且与之搏斗。这就是我们的角色。

犯罪问题

犯罪是一种反抗。在《凡尔杜先生》[1] 中，我没有找到与《局外人》主题的任何相似之处，尽管两部作品的否定性部分具有相同的意义。不可能忘记卓别林被两个警察押送着走上刑场的情景……

不可能忘记，在心理学领域由精神分析代表的巨大进步发生之后，恰恰是政治警察达到了心理学研究中那些最精妙的形式。

神话

在已经出名的"世界公民"盖瑞·戴维斯与联合国之

---

1 《凡尔杜先生》是 1947 年上映的一部由卓别林主演的黑色喜剧电影。其中的主角凡尔杜先生通过和有钱的寡妇结婚再杀死她们的方式谋财，进而投资股票市场。但二战前夕股市崩盘，凡尔杜破产。之后他决定自首，但在法庭上他辩称自己只杀了少数人，而有些人在战争中杀人无数却被称为英雄。凡尔杜最终在警察的拘押下被送上了断头台。影片中的一些观点在战斗的美国一度受到攻击，使卓别林受到了媒体的敌视。

间，我更喜欢前者淳朴的理想主义，尽管假定政治应该始终具有国际性，而相互冲突的正是国家主义与区域主义的立场，有些乌托邦。但戴维斯至少没有谋害任何人。

勒内·夏尔 [1]

勒内·夏尔是自从兰波以来法国诗歌中最重大的事件。如今在法国，正是诗人把他的歌声提到了最高音，传递着最伟大的人类财富。当我们谈论诗歌，我们与爱比邻，这种伟大的力量无法用无耻的金钱替换，也不能用人们称为"道德"的悲惨之物取代。

对存在主义的贡献

如此轻描淡写地对待一种与存在主义同样严肃的哲学研究 [2]，是一个严重的错误。它的根源可以追溯到圣·奥古斯丁，它对于认知的主要贡献，毋庸置疑，蕴藏于其方法惊人

1　勒内·夏尔（René Char, 1907—1988）：法国诗人，加缪的好友。加缪最欣赏的同代诗人。二人之间多有文字唱和。1946 年，加缪在伽利马出版社主编"希望文丛"时，将夏尔的《修普诺斯散记》收入其中，夏尔也将这部作品题献给加缪。1948 年，夏尔的诗集《愤怒与神秘》出版，得到了加缪的极高评价。

2　此处指加缪本人的哲学研究，他暗示不认为自己的思想可以被归入存在主义，不认为自己对于存在主义有何"贡献"可言。

的丰富性之中。存在主义主要也是一种方法。在萨特与我本人的工作之间人们通常指出的那些相似性，当然源于我们生活在同一个时代、面对着共通的问题与思虑时，所一同经历的幸福与灾祸。

我所了解的最美职业之一……[1]

作为作家，您对于当下的法国报界做何感想？

除了一两个特例，嘲讽、玩笑和丑闻构成了我们报界的基础。站在我们那些报社领导的位置上，我高兴不起来。一切导致文化损毁堕落的东西，都缩短了通向奴役的道路。一个容忍名声败坏的报界和上千个美其名曰艺术家的无耻小丑消遣娱乐的社会，正在走向奴性，不管那些为这个社会的堕落做出贡献的人如何抗议。

作为记者，您认为如今的报界是否和它那些拥护者所声称的一样，反映了公众的精神状态？

报界准确反映了那些从业者的精神状态。

1　该访谈最初发表于 1951 年 8 月第 54 期《卡列班》杂志。

不过公众在追随他们？

回答很简单：法国报界，就整体而言，已经在两三年内丢掉了不止一百万个读者。

但是最庞大的印刷量显然是通过您所揭露的让步获得的！

继续阅读这些报纸的公众都还没有被它们倒了胃口。所以他们有一颗结实的心脏。只需借助他们最轻佻的癖好，就能确保拉拢到他们。但问题在于，报界的角色，究竟是提供最轻佻的癖好，还是与之相反，引起某种反思效果。

您如何解释《战斗报》的失败？

《战斗报》曾经是一种成功。

但是您离开了它，由别人负责管理[1]！

别人，是的，这就是为什么它不再是《战斗报》。我说的《战斗报》，是那个曾经由我们几个人创造出一套独特表

达方式的《战斗报》，是那个我们曾经赢得了二十万左右读者的《战斗报》。

然而这个《战斗报》已经消失了！

不。这让某些记者良心不安。而在放弃了法国报界的数百万读者中，也有一些人感到痛心，因为他们曾经在很长时间内赞同我们的苛刻要求。有朝一日，等到经济形势稳定下来，我们会重建《战斗报》或者类似的报刊。

这样的成功令人伤感！

为什么？在两年之间，我们做出了一份绝对独立的、没有污名化任何事物的报纸。我别无所求。总有一天，这一切会带来成果。

回到当下的报界。现在的记者们认为，他们的报纸与解放后的那些刊物不同，是由真正的职业人士打造的。

管他什么职业人士。另外，我们曾经都是——我现在也是——职业记者。不过，看起来更难做到的是不要轻视别人从事的职业。记者的职业是我所了解的最美职业之一，恰恰因为它强迫你对自己做出评价。

必须对报刊进行引导吗?

不。必须引导公众,这是报刊的作用。如今的法国记者以为,要把他的职业弄好,就得把自己变成侦探。他错了。从丑闻到诬告,这并没有什么进步。

如果报刊拒绝引导公众呢?

在拒绝时,它就叛变了。当精英叛变时,社会就死亡了。在这种情况下,我们社会唯一的慰藉就是,它是第一个在对侦探记者的喝彩声中公然死于愚蠢和粗俗的社会。

问题难道不是在于,那些对时事漠不关心或者忍气吞声的知识分子把位置让给了工厂主吗?

问题并不是由于知识分子拒绝新闻业。而是因为他们一拥而上,什么都写,或是为了钱,或是为了出名,后者更加难以原谅。如果作家对其职业还留有最基本的尊重,他们就会拒绝把文章写在随便什么地方。但似乎必须讨人喜欢,那么为了讨人喜欢,就躺下吧。坦白说吧。对这些生产或者破坏声誉的机器发起正面强攻，看起来确实很难。一份报纸，即便是一份下流无耻的报纸，一旦印刷量达到了六十万份，别说冒犯它了，立刻就有人去邀请报社社长共进晚餐了。也许任何一种职业都需要某种策略。而对于艺术家来说，无论是否介入，他的任务却恰恰是拒绝这种肮脏的默契。说实话，这个任务并未超乎常人：我们的社会为了使它那些无耻行径得到原谅而提供的些许可怜的好处，扔掉并不难。那些思想独立自由的人依然重要，而欧洲大陆知道，为了它的荣誉，历史强迫他们进行的劳神斗争的出路，一部分便取决于他们拒绝妥协的毅力。

仇恨之奴役 [1]

您认为对"仇恨"和"谎言"这两个词进行对照是否合乎逻辑?

仇恨本身就是一种谎言。它本能地在一部分人身上制造沉默。它否认任何人身上值得同情之处。因此,本质上,它在对事物的秩序撒谎。至于谎言,则更加微妙。有时候,出于一种单纯的自爱,没有仇恨也可以撒谎。任何心怀恨意之人都反过来以某种方式憎恨着他自己。因此,从谎言到仇恨并没有逻辑连接,但是从仇恨到谎言却存在一种近似生物学上的血缘关系。

---

1 该访谈最初发表于 1951 年 12 月 24 日的《进步报》副刊《休战的圣诞——圣诞的休战》。该访谈的最初标题为:《对于人类的良心而言不存在休战》。之后以"仇恨之奴役"为题收入出版于 1953 年的《时事评论二集》。

在当前这个正在被各国之间的怒气折磨的世界上，仇恨难道不是经常戴上谎言的面具吗？谎言难道不是仇恨最恶毒，甚至可能最危险的最佳武器之一吗？

仇恨不可能戴上其他面具，也不可能放弃这种武器。世人不可能心怀仇恨而不说谎。相反，如果不用理解取代仇恨[1]，就不能说出真话。在今天的世界上，十分之九的报纸都或多或少在撒谎。这是因为他们在不同程度上都是仇恨与盲从的代言人。他们仇恨越深，撒谎就越多。今天，全世界的新闻媒体，撇开个别例外，都属于此列。退而求其次，我的好感便指向那些极少数因为恨意不足而撒谎最少的媒体。

关于仇恨在世界上展现的现实面貌，是否有哪些独属于某些学说或时势的新形态呢？

当然，二十世纪并没有发明仇恨。但它却培育出一个被称为"冷仇恨"的独特变种，与数学和天文数字结合在一起。在对无辜者的屠杀与我们的报复行动之间，差异巨大。您知道吗，在从 1922 年到 1947 年这二十五年间，有七千万欧洲人，男人、女人和儿童，遭到驱逐、流放和杀害？这就是人文主义的园地已经变成的模样，尽管存在各种抗议，仍

1　这与中立无关。——作者原注

应继续将其称作卑鄙的欧洲。

谎言具有特殊影响力吗?

它的影响力在于,任何美德一旦与之结合,便无法不消亡。谎言的特长则是,所有企图利用它的人都将被它击败。这就是为何那些上帝的仆人与热爱人类之人一旦为了一些他们认为更加高级的理由向谎言表示赞同,他们就背叛了上帝与人类。不,从未有过任何高尚情操建立于谎言之上。谎言有时能令人存活下去,但绝对无法培养他。例如,真正的贵族,要点并不在于互相决斗,而是首先在于不去撒谎。而正义,从这一方面来说,也不在于打开一些监狱以便关闭另一些监狱。它首先在于,不把那种只能让一个落魄家庭勉强糊口的东西称为"最低生活费",不把彻底废除工人阶级百年来赢得的一切好处称为"无产者的解放"。自由并非信口开河的自由,并非增加八卦报刊的自由,并非以将来的解放为名建立专制政权的自由。自由首先在于不去撒谎。谎言激增之地,暴政或将发生,或在延续。

我们正在目睹爱与真理的倒退吗?

从表面上看,所有人今天都热爱人道主义(就像人们热爱血淋淋的牛肋条一样),而且所有人都掌握着某种真理。

但这一点恰恰是极端堕落的表现。真理正在它那些被害死的子孙身上急速增殖。

此时此刻"正义者"存在何处？

他们中的大多数在监狱和集中营里。但那些地方也存在自由人。真正的奴隶在别的地方，正在对世界发号施令。

在当前形势下，圣诞节不能成为一个思考休战[1]概念的机会吗？

为什么要等到圣诞节？死亡与复生每天都在重演，非正义与真正的反抗每天都在重演。

您认为有休战的可能性吗？什么类型？

那种我们将在绝不休战[2]的抵抗之后取得的休战。

1　此处的休战应该是指 1950 年开始的朝鲜战争，是二战后东西方阵营之间的第一场热战。

2　"绝不休战"（sans trêve）：加缪在此使用了一个双关语。"sans trêve"作为固定搭配，意为"不间断的"，而"trêve"本身恰恰是问题中的"休战"一词，因此"sans trêve"也可以从字面上理解为"绝不休战"，亦即对于我们的抵抗而言不存在休战。

您在《西西弗斯神话》中写道："只存在一种有用的行动，那就是去重塑人类与大地。我将永远重塑不了人类。但是必须做出'仿佛如此'的样子。"[1] 今天在本次访谈的语境内，您如何对这一观点加以说明呢？

我当时比现在更加悲观。我们确实重塑不了人类，但也没有令他们堕落。相反，通过顽强的精神，通过与我们自己以及他人身上的非正义搏斗，我们令他们略微得到提升。正如路易·吉尤[2]所说，真理的黎明没有被许诺给我们，没有契约。真理有待建设，就像爱与智慧一样。事实上，没有任何东西被给予或许诺，但对于那些愿意实干与冒险的人而言，一切皆有可能。当我们在谎言中窒息，当我们对着墙壁走投无路之时，这就是我们必须跟进的赌注。必须冷静但毫不妥协地跟注，而大门终将打开。

1　语出《西西弗斯神话》第二章《荒诞人》第三节"征服者"。

2　路易·吉尤（Louis Guilloux, 1899—1980）：法国作家，出身于工人阶级家庭。加缪与吉尤于 1945 年相识，在文学观、价值观等方面意气相投。

法国的新纳粹报刊 [1]

法国，这个传统上自由开明的国家，在被占领期间也曾受到抵抗运动激励，却在德国人离开不到四年之后，制造出一批法奸与希特勒式报刊的复制品。为什么？

法国并不是一个传统上自由开明的国家。除非一百五十年时间 [2]（另外还必须把几十年的专制暴政剔除在外）就足以塑造一个传统。相反在那些最牢不可破的各种法国传统中，却可以找到军国主义和排斥异己。因此，问题并不在于去搞清楚为什么反犹主义会延续下来，而是要弄明白，这种可怕的欲念（或者像尼采所说，这种畸形），在已经把数以百万的受害者作为礼物贡献给它之后，为何还没有平息下来。解释起来肯定与心理学有关，至少部分相关。我

---

1 该访谈最初发表于 1952 年 1 月第 23 期《事实》杂志。

2 指从 1789 年法国大革命以来。

不知道是谁曾经极其准确地说过："那些恨久了的人最终将爱上他的仇恨，比对世界上的任何东西爱得更深。"不过还有其他的解释。

为什么这种现象为法国所独有，却不存在于西方世界的其他国家？

反犹主义在别的地方肯定存在，却没有反犹主义报刊。这其中的原因在于，在我们的报界拥有的各种自由中，尤其拥有污蔑诽谤的自由。英国并不被视作一个专制国家，其新闻自由却建立于对于污蔑诽谤毫不容情的法律之上。报界可以自由地攻击政府以及部长们的行为，但不能涉及私人领域。在这种情况下，法律保护私人对抗各种派别与团体。对于政治自由，除此不存在任何其他定义。

这种报刊反映的是法国广大社会阶层还是孤立小集团的渴望与精神面貌？如果是小集团的话，指哪些？这种报刊的能力范围有多大？换句话说，它所传播的理念在什么程度上可以对民意具有影响力？

小集团肯定是有的。其中一部分来自传统上所谓的"法国右翼"，另一部分既没有头衔也没有名号。不过我不相信大多数法国人每天早上会沉浸在对犹太人的仇恨之中。在深思之后，类似报刊的诱惑力在我看来十分有限。这些事情只会说服那些本就相信的人。而在那些信以为真的人之中，面对欧洲犹太人骇人听闻的种族灭绝，至少有一些人已经失去了这类报刊提供给他们的那种"正确觉悟"了。

这类报刊的意识形态在何种程度上与反德雷福斯[1]的、莫拉斯[2]式的传统结合在了一起呢？在何种程度上延续了那些直接受纳粹德国授意、资助、支配的报刊呢？在何种程度上我们可以从中发觉某些新元素呢？

从细节上对这个问题进行回答实在太过复杂。我宁愿把一件我认为十分重要的事情说说清楚。反犹主义不可能对一种理智的传统加以利用。它在理智方面一钱不值，仅

1　德雷福斯事件是发生于19世纪末法国军界与政界的一起重要事件，犹太裔军官阿尔弗雷德·德雷福斯（Alfred Dreyfus）被误认为出卖国家军事情报，因此被认定为叛国罪，遭到流放。但事后发现泄密者另有其人，却迟迟得不到平反。该事件当时引发社会强烈争议，激发了法国社会对其反犹主义传统的思考。"反德雷福斯"特指在德雷福斯事件中反对释放德雷福斯的思想阵营，普遍具有反犹倾向。

2　夏尔·莫拉斯（Charles Maurras，1868—1952）：法国作家，极右翼思想家，反犹主义的坚定支持者，法国极右翼思想的奠基人之一。1898年的德雷福斯事件中站在反德雷福斯阵营一边。

仅是一种愚蠢而且堕落的激情而已。相反，恰恰是反犹主义、是入骨的庸俗束缚了这一立场，阻碍了莫拉斯的学说产生影响，而其学说的某些方面原本是可以为他带来影响力的。正是这种站不住脚的态度使法国右翼在某种长久的孤立中变得僵化，因此导致了这种把法国一分为二的割裂，而这无疑是我们最具危害性的恶疾。在法国传统主义[1]思想中，从伯纳德[2]经由迈斯特与孔德[3]一直发展到莫拉斯，同样存在一些值得深思的积极元素。像索雷尔[4]那样的革命工团主义者，也很清楚这一点。但由这种传统主义学说所美化的发狂的反犹主义，与学说自身最明显的利益背道而驰，足以孤立这一学说并将它抛向其最致命的弱点。正是这一点让我能够宣称，我不认为反犹主义具有实实在在的逻辑性，无论莫拉斯们怎么想。它主要涉及的是一种受激情驱使的心理情结，我们在其中看出仇恨的诸种便利性的同时，

1　传统主义是指反对革命、宣扬传统秩序的一种学说，流行于 18、19 世纪。

2　路易-加布里埃尔-安布瓦斯·德·伯纳德（Louis-Gabriel-Ambroise de Bonald，1754—1840）：法国哲学家、政治家。与他的好友约瑟夫·德·迈斯特同为传统主义的代表人物，仇视革命，为传统的政治宗教及背后的思维摇旗呐喊，并且具有鲜明的反犹主义立场，指责犹太人没有成为真正的法国公民，对法国社会造成了破坏。

3　奥古斯特·孔德（Auguste Comte，1798—1857）：法国社会学家，实证主义的发明者。在政治理念上具有保守色彩，认为革命具有破坏性，造成了社会混乱。

4　乔治·欧仁·索雷尔（Georges Eugène Sorel，1847—1922）：法国哲学家，革命工团主义理论家。

还可以从中察觉出一种自我辩护的企图。杀害百万犹太人曾是一项史无前例的罪行，认识到这一点，对一些人而言就意味着认识到他们自己的罪过。继续凌辱后续的犹太人（因为那都是幸存者！）却反而让同一批人表明在纳粹占领期间他们绝对无辜。还必须加上其他一些更微妙的理由，一一列举实在太长了。

如何解释民意、公权以及民主派对于这类报刊的冷淡甚至宽容呢？

大众并不阅读这类报刊。阅读的人都喜欢它。至于公权，起草一份关于造谣污蔑的法律，保护私人不受集体或者各种党派侵犯，无论左派还是右派，这需要某种被我们那些领导人藏好了的——如果他们有的话——政治的与道德的勇气。

一方面是因循守旧，另一方面是内容贫乏，当下的新闻业是否有利于这类小报的诞生？

造谣污蔑随着自然发展加入一些蠢话和丑闻中，您不认为这很正常吗？

我们能客观预测，民意对于这类报刊的反应会发生变化吗？

不能。

从您的角度，您能否倡导一些措施，或者一些警戒手段，从而对这些集体愚行加以阻拦呢？

一条关于报刊的法规，它在确保其他一切自由的同时，铁面无情地对造谣污蔑进行惩处，无论这种污蔑发表于何处。

关于反抗的访谈 [1]

　　自从百科全书派 [2] 以来, 自从夏多布里昂 [3] 以来, 第一次出现一位知识分子把一整本随笔 [4] 完全用于讨论"反抗"这一永恒的神话。但似乎却有相当多的人没有理解这部随笔的意义。我们可以读到的大多数文章向我们表明, 混淆多得难以置信。在深入之前, 您是否愿意在这里讲一讲, 哪些文章让您产生过强烈印象?

　　不。

1　该访谈最初发表于 1952 年 2 月 15 日的《文学报》, 采访者为文学批评家皮埃尔·贝尔杰 (Pierre Berger)。之后被加缪收入其 1953 年出版的《时事评论二集》。

2　百科全书派: 18 世纪以狄德罗为首的一批编纂《百科全书》的启蒙思想家, 试图以这种方式对世界进行解释, 进而达到开启民智的目的。编纂者包括达朗贝尔、卢梭、伏尔泰、孟德斯鸠等当时法国社会中的文化名流。

3　弗朗索瓦-勒内·德·夏多布里昂 (François-René de Chateaubriand, 1768—1848): 法国作家, 政治家。法国浪漫主义的先驱之一。

4　即加缪出版于 1951 年的哲学随笔《反抗者》。该书在出版之后, 引起了加缪与萨特的激烈论战, 最终导致二人关系决裂, 并引发了整个法国文化界对加缪的恶意攻讦。报刊上的绝大多数文章是对加缪的谩骂、抨击和歪曲。

反馈大概并不仅仅来自报刊。您一定收到过许多私人信件。它们在您看来是否比报纸上的文章更加有判断力呢?

是的。

就我本人来说,自从《反抗者》出版以来,我经常有机会谈到这本书。我很高兴地告诉您,我的绝大多数对话者并没有忽略它的重要性。同时,我注意到,当人们提到那些已经发表的批评文章,言辞之间多有愁闷。在此不是要回顾您与布勒东[1]、帕特里[2]的论战,但我必须告诉您,非斯大林主义左派的分裂是我的朋友们苦涩心情的深层原因。我们许多人还对 1948 年普雷耶尔的那场晚会[3]记忆犹新,

---

1 安德烈·布勒东(André Breton, 1896—1966):法国作家,超现实主义的创始人之一。加缪在《反抗者》中对布勒东奉为圭臬的洛特雷阿蒙、兰波等前辈诗人进行了批评,并且将超现实主义革命视作一种虚无主义。因此引发了布勒东的激烈抨击。1951 年 10 月 12 日,布勒东在《艺术》杂志上发文,对加缪在《反抗者》中的指责进行了回击,加缪则在 1951 年 10 月 19 日的《艺术》杂志上发表《致主编先生》的公开信,对布勒东的文章进行反击。

2 艾梅·帕特里(Aimé Patri, 1905—1983):法国哲学教授。1951 年 11 月 16 日的《艺术》杂志上,刊登了帕特里与布勒东的一次访谈,访谈中对加缪的《反抗者》进行了批评。加缪则在 1951 年 11 月 23 日的《艺术》杂志上发表《致主编先生》的公开信,对二人的访谈内容提出反击。

3 1948 年 12 月 13 日,在巴黎的普雷耶尔音乐厅,举行了一次由革命民主联盟组织的晚会,晚会主题是“为了一种精神国际主义”,加缪在会场上进行了题为《自由的见证者》的演讲;布勒东也进行了发言,并深情回忆了他与加缪在纽约的相遇;萨特提出欧洲应该保持中立。美国作家理查德·赖特也做了发言,并由波伏娃翻译成法语。会场气氛融洽。

晚会由革命民主联盟[1]组织，目的是捍卫艺术。在主席台上，我们曾经准备追随的全部能人都到场了：从您本人到布勒东，从鲁塞[2]到萨特，从理查德·赖特到其他所有人。面对一些让我们感到早已在道义层面失去信誉的势力，一次这样的集会曾给予我们极大的鼓舞与希望。四年过去了。我们对大多数发言者依然保持敬意，但我们观察到他们已经分道扬镳。甚至更糟：已经分崩离析。萨特反对鲁塞[3]。您本人也和布勒东意见不合。布勒东则又一次与所有人都唱反调。您不担心这种分裂会把您的朋友们关进一种危险的孤独之中吗？在许多人身上，慌乱是巨大的，必须下定决心去面对它。我确信，在某种理应承认的危险面前，保持沉默是不可能的。

我的观察与您并不相同。我认为，恰恰相反，慌乱时期已经过去了。拒绝接受世纪骗局的人越来越多。在孤寂中工作并创造的人越来越多，他们咬紧牙关，下定决心

---

1 革命民主联盟是由萨特与大卫·鲁塞、乔治·阿尔特曼（Georges Altman）于1947年年底成立的一个松散的左派知识分子组织，仅短暂存在了一年，1948年年初由于内部成员之间缺乏共同政治纲领和社会基础而解散。在其存在期间，吸引了大批不愿意把世界分为东西两大阵营的左派知识分子，以自由与社会革命为纲领，同时反对西方的资本主义与东方的共产主义。加缪并未加入该组织，但对此保持着相当的好感，并参与了多次相关活动。

2 大卫·鲁塞（David Rousset, 1912—1997）：法国作家，政治家。纳粹集中营幸存者，以一系列关于集中营的文学作品闻名。与萨特一同创立了革命民主联盟。

3 萨特与鲁塞的分裂起源于鲁塞对美国有好感，而萨特支持苏联。

对自我以及心中的真理进行构建，以此对抗那些破坏之力。斗争仅仅在表面上是不平等的。人们也许可以摧毁这些人，却再也无法出卖他们。从这一刻起，行动过程被翻转了，谋杀过去依靠谎言，如今只能赤膊上阵了。虚无主义已经抵达了它的顶点，正在吞噬自己并在自我矛盾中窒息而死。我们正站在这个节点上，越过去便是死亡或新生。我对我那些认识或不认识的朋友抱有信心，对他们的抵抗之力抱有信心。我赌新生。最后，我恐怕我们这些作家之间的争吵并没有您说的那么重要，除了在左岸[1]，在我们的私交中显得重要。在普雷耶尔的晚会上，您提到的那些作家并没有掩饰他们的差异，这从他们的言谈之中不时暴露出来。这在当时并没有妨碍他们集合起来。当一个具体时机来临，他们将再一次被迫集合。那么他们之间的差异还有什么大不了的呢？我们并不要求他们相爱：他们常常并不可爱。我们要求他们坚持下去。而且，正是利用各种差异，人类才创造出一个世界。不过当然，这个机会并不是作家们创造出来的。在最好的情况下，他们将为其中一个小小的部分做出贡献。无论如何，请您务必相信，我的书愿意为此出力。

---

1 指巴黎的塞纳河左岸，是当时法国知识分子聚会的主要地点，例如位于左岸的、加缪与萨特经常出入的花神咖啡馆。

我强烈希望这些人物之间的再次聚首依然有可能实现。如果不是全部，至少是绝大多数。无论如何，想起普雷耶尔那些激动人心的时光，促使我重新提出这个永恒的问题："知识分子能做些什么？"我认为必须向您指出，问题并不在于去搞清楚例如今天他们能够为革命做些什么，而仅仅是探究他们为了帮助本世纪的民众摆脱困境能够做些什么。

是啊，他们能够做些什么？首先，当然是自我克制。知识分子之所以今天具有如此巨大的声望，正是因为在一百五十年间他们唤起了两次伟大的革命[1]，并且亲自实施了其中的第二次。由哲学家们组成的政府正在统治着数以百万计的民众，这是西方传统梦寐以求的。但是现在，哲学家并不是人们想象的那种样子。因为，为了进行统治，哲学不得不求助于警察，在此期间便失去了一些它的客观与善意。当代虚无主义的两种形式，资本主义的与革命的虚无主义，都是由知识分子们提出来的。因此您的问题就回到了这个问题："知识分子们（我说的是知识分子而非艺术家）制造出的恶，他们能够将其击败吗？"我的回答是"能"，但需要满足几个条件：第一，他们必须意识到这种恶，并且将其揭露出来；第二，他们不能撒谎，同时能够坦承自己的无知之

1　应该是指 1789 年的法国大革命和 1917 年由列宁领导的俄国十月革命。

处；第三，他们必须拒绝压制别人；第四，在任何情况下，无论任何借口，他们都必须拒绝任何专制政权，哪怕只是临时的政权。在这些基础上，去团结所有你们想要团结的人，无论他们姓谁名谁。我也将是他们之中的一员。

路易·鲍威尔[1]先生在您对布勒东的言论进行回应的信件问世之后，发表了一篇关于《反抗者》的文章，他在文中提出，您的作品为资产阶级的人道主义提供了良心的抚慰。对于这种奇谈怪论您作何感想？

是的，我读过这篇文章。不值一提。略过吧。这篇文章的作者，最起码从理论上，对于何谓"不屈服"吹毛求疵，吊销了我的革命证书，真让我害怕。当然，他同时也撒了点谎。他绝口不提我这本书的核心论题之一 ——对作为资产阶级人道主义根基的形式道德进行批评，这事实上就是在撒谎。他像其他所有人一样，对我关于自由工团主义[2]的明确参照只字不提，这同样是在撒谎。因为，幸运的是，除

---

1 路易·鲍威尔（Louis Pauwels，1920—1997）：法国记者。《艺术》杂志的主编之一。应布勒东之邀加入了与加缪的论战。在 1951 年 12 月 21 日的《艺术》杂志上发表文章，对加缪进行抨击。

2 自由工团主义是指不受政党（这里主要指法国共产党）等力量领导的自发工会运动。

了我的这位评论者所秉持的革命传统，还存在另一种革命传统。正是它启发了我的随笔，它并未消亡，因为它始终在进行斗争，一本名为《无产阶级革命》[1]的杂志就是一例。您之前提到的许多人，我理解他们在阅读巴黎的报刊时为何感到孤独，如果他们了解这份充满勇气的工人刊物，也许会重拾一些信心。

在厘清您与各色人在过去和现在的关系问题之前，我们还观察到，共产主义报刊对《反抗者》一言不发。没有丝毫抨击，半点微词都没有。

也许这个主题引不起共产主义报刊的兴趣吧？

我与几位党内积极分子或准积极分子进行过几次仓促的交谈。他们中的大多数人拒绝阅读您的作品。其他人则对其进行了某种马克思主义的分析，但是说得云里雾里，唯一能看出的就是他们不赞同这本书的观点，而且不想以任何方式表示赞同。

1　《无产阶级革命》是一本工团主义刊物，得到过加缪的赞赏。在加缪去世后，该刊物于 1960 年发表了一篇文章，题为《阿尔贝·加缪与我们》以示纪念和哀悼。

我的书恰恰对马克思主义分析之中的几个重要方面提出了质疑。在把我质疑的东西用在我身上之前，必须认真对待我的这些批评。拒绝对其加以阅读并非驳斥它们的最佳方式。否则就说明我有道理。我曾力图表明，20 世纪的革命只有两种出路，要么把它的虚无主义推衍到世界毁灭的地步，要么重新找回它真正的忠诚。其中的利害相当重要，我可以改写爱比克泰德[1]的一句话："辱骂吧，如果你坚持这么做的话，但先读一读。"总而言之，对我来说，这句话比没有被读过便遭到辱骂这种实际发生的情况要好，不是吗？

许多具有共产主义色彩的知识分子，为了更好地为他们对革命美学或革命态度的理解进行辩护，纷纷以圣-茹斯特[2]为倚仗，另一些人则投奔了萨德或肖代洛[3]。在这种条件下，追随这些明目张胆的反抗者不让您觉得很奇怪

---

1 爱比克泰德（Épictète，55—135）：古罗马斯多葛派哲学家。强调个人需要对自身行为负责。

2 路易·安托万·莱昂·德·圣-茹斯特（Louis Antoine Léon de Saint-Just，1767—1794）：法国大革命期间雅各宾派的领袖之一。性格激烈，领导推动了对法国国王路易十六的处决审判，并为了维持社会稳定实施过一系列激进的恐怖政策。最终在热月政变后与罗伯斯庇尔一起被处死。

3 皮埃尔·肖代洛·德·拉克洛（Pierre Choderlos de Laclos，1741—1803）：小说《危险关系》的作者。在法国大革命所属政治团体遭到了罗伯斯庇尔查禁。

吗?另外,同样是这些人,还宣称统合了洛特雷阿蒙、兰波甚至波德莱尔[1](人们乐于把他描绘成街垒专家[2])。也许在传统的马克思主义中,存在某种相当有效且强力的辩证法,可以用来论述历史或文学领域的伟大反抗者都主要是革命者。

波德莱尔的思想导师是约瑟夫·德·迈斯特[3],没有什么东西像街垒一样令他憎恨。圣-茹斯特保卫了一种死守法条的形式道德,它后来演变成了资产阶级道德,恰恰受到了黑格尔与马克思的批判。至于洛特雷阿蒙以及反军国主义者兰波,一个共产主义政体将会认为有义务对他们进行再教育。那些把这类混淆拿来当借口的人都是沙龙里的共产主义者,如果不涉及众人的自由和鲜血,这些花招肯定会相当有趣。

关于如何看待萨德、兰波和洛特雷阿蒙的问题,有些

---

1 洛特雷阿蒙(Lautréamont,1846—1870)、阿尔蒂尔·兰波(Arthur Rimbaud,1854—1891)以及夏尔·波德莱尔(Charles Baudelaire,1821—1867)均为19世纪的法国著名诗人,诗作以大胆颠覆和破坏性著称。

2 波德莱尔曾经参与过1848年革命,并走上街头,据传参加过当时的巷战。

3 约瑟夫·德·迈斯特(Joseph de Maistre,1753—1821):哲学家,反启蒙运动的代表人物之一,仇视革命。波德莱尔自称为迈斯特的思想门徒,声称迈斯特教会了他如何思考。

人向我吐露过，他们很久以前就持有与您同样的想法[1]，但他们不敢明确表达出来，否则就有可能被视为大逆不道。因此我现在向您转达他们的慰藉和满足。

是的，我知道……我们都是如此。向天国发起进攻要比攻击一些流行一时的草头神更加容易。不过总有一天要讲清楚，国王没穿衣服。而且，正是到了那个时候，人们才会真正爱他。人们能够给予这些创造者的最高敬意，就是拒绝他们的册封。洛特雷阿蒙，尤其是兰波，当他们被洗去人们为其涂抹的各种神话传说，身处他们的孤独与真实生活之中时，他们在我眼里才显得最为伟大。

在许多文本里，尤其是在您那些我称为"道德新闻"的篇章中，您常常对逻辑提出质疑。但是，您难道不认为，逻辑此时此刻被感染了世人的疾病，而终有一天，当疾病得到消除，逻辑将再一次与高贵的字眼相配吗？不然，在我看来这会导致对绝大多数哲学思想简单粗暴的指责。

我质疑的并非逻辑，而是一种意识形态，它在用一系

---

1 参见《反抗者》第二章《形而上的反抗》。其中，加缪在"绝对的否定"一节对萨德进行了批评，并在"反抗的诗歌"一节对兰波、洛特雷阿蒙、超现实主义者提出了批评。

列逻辑推理取代活生生的现实。各种哲学思想，从传统上来说都在努力解释世界，而不是给世界强加一套法则——那是宗教与意识形态所固有之物。

近几年来，人们在宗教信徒中间重新谈到英雄主义。我坚信，您对于道德伦理的见解，必将促使您从中看出一种全新的人文主义。

我不是人文主义者。至少在大家听说的那个意义[1]上不是。至于英雄主义，我要求加以选择。并非无论哪种英雄主义，无论哪种爱都能证明行为的正当性。

难道忠诚也不属于这种可能存在的人文主义吗？

忠诚也不属于，它本身不算是一种价值。纳粹党卫军对于他们的主子也同样忠诚。

1　在当时的语境中，"人文主义"（humanisme）一词可以指向以下几种意义：第一，古典人文主义，即对古希腊罗马文化的深入研究；第二，基督教人文主义，将人的尊严、自由与幸福视为基督教的根本，通过对古代《圣经》文本的研究，试图实现基督教社会的改革与复兴；第三，无神论人文主义，强调人类在上帝缺席的情况下，如何实现其自身价值。加缪其实在《西西弗斯神话》与《反抗者》中展现了第三种人文主义。

的确如此。忠诚感确实在最好与最坏的情况中都发挥着作用。从理论上，抛开任何实例，您不认为忠诚可以赋予人类以正当性吗？

是的，在默默无闻之中——并且只涉及为生命与幸福服务的忠诚，而非滥用死亡与奴役的忠诚。或许人类为了给自己辩护，他可以对自己提出的最后几个问题之一便是："我曾经忠诚吗？"但是，这个问题如果不首先意味着："我没有在自己和别人身上贬低破坏过任何东西吗？"那么它就没有任何意义。

您的地中海出身，您的精神源头，有时会使您被指责为地方主义。毫无疑问，思想家们的内心总是在北方与南方这两种情感神话之间摇摆不定。

我的内心从不摇摆。但在我的结论部分[1]，我并没有说过，万事万物的解决办法都能在地中海附近找到。我只是说，一百五十年以来，欧洲的思想体系都是通过反对各种自然与美（因此也包括限度）的概念建立起来的。而与之相反，这些概念恰恰处于地中海思想的中心。我还谈到，与此同时，某种均衡被打破了，而欧洲一贯处于正午与子夜的搏

1　指《反抗者》中作为总结的第五章《南方思想》。

斗之中，一种生机勃勃的文明不可能建立于这份张力之外，也就是说，不能缺少这种被长期忽略的地中海传统。就是这样。我觉得这种判断十分谨慎，甚至在我看来有点过于谨慎了。在我诞生于斯的非洲海岸边，距离能帮助我们更好地看清欧洲的面孔，而我们知道它并不美妙。但是至少，不应该让我去说一些与我过去说过的内容背道而驰的话。

您打算有朝一日为《反抗者》写一部续集吗？或者您会进行一些改动吗？

也许我会给它写一部续集。但为什么要改动呢？我不是一个哲学家，也从未以哲学家自居。《反抗者》并非一部本意把反抗完全吃透的研究论著，所以我当然需要补充和调整。我很清楚在材料和思考方面它有哪些不足之处。但我原本只想去描述一段经历，我自己的经历，而我知道它也是许多其他人的经历。在某些方面，这本书是一种心里话，至少是我有能力写出的唯一一种心里话，我带着必要的严谨和细腻，用四年时间才把它表达出来。对我来说，我不相信那些孤立的书籍有什么价值。在一些作家那里，我感到他们的作品形成了一个整体，其中的每一篇都被其他作品照亮，都可以彼此参考。

艺术家与他的时代 [1]

一、作为艺术家，您是否选择了见证者的角色？

这需要非常大的抱负或者某种我不具备的使命感。就我个人而言，我不要求任何角色，我也只有一个真正的使命。作为人类，我感到自己对幸福的渴望；作为艺术家，在我看来自己依然要把许多人物角色生动描绘，不依赖战争和法庭提供支援。不过它们会主动找上门来，就像它们会主动找上每一个人一样。旧时代的艺术家们至少可以在暴政面前一言不发。今天的暴政得到了完善，它不再允许沉默或中立。必须表态拥护或者反对。好吧，既然如此，

---

1 该文最早发表于 1953 年出版的《时事评论二集》，是该文集的收官之作。加缪在文集原注中指出，该访谈中的"这些文段第一次集结于此，回答了电台或海外报刊中对我提出过的一系列问题"。其实，其中的问题多出自他本人之手，以访谈的形式对他关注的一系列问题进行解释，并以此对整部《时事评论二集》加以总结。另外，需要注意的是，1957 年 12 月 14 日，加缪获得诺贝尔文学奖之后，他在瑞典乌普萨尔大学所做的著名演讲，题目也是《艺术家与他的时代》，与本文之间存在深刻的思想关联。

我表示反对。

不过这并不意味着选择了见证者的舒适角色。这仅仅是接受时代的本来面目，简而言之去从事他的职业而已。而且，您忘记了，如今法官、被告与证人已经对调了位置[1]，速度之快堪为楷模。如果您认为我应该做出某种选择的话，那么我的选择是，至少，永远不要坐在法官的席位上，也不要像我们太多太多的哲学家那样坐在台下。除此之外，相对而言，行动的机会并不缺乏。在这其中，工团主义如今居于首位，而且最为丰产。

二、有人要把您最近发表的作品指责为堂吉诃德主义，这难道不是一种对艺术家角色的理想主义与浪漫主义定义吗？

曲解词义是徒劳的，它们暂时还保持着自身的意义。对我而言，很显然，浪漫主义者是这样一种人：他选择了历史的永恒运动、宏伟的史诗以及某种时间终点的奇迹征兆。与之相反，如果我试图定义某种东西，它不是别的，恰恰是历史与人的共存，是在尽可能充足的阳光中有待建设的日常生活，是为了抵抗自身与他人的堕落而进行的顽强斗争。

某种历史意义没有被铭刻在各种重大事件之中，却无

1　加缪在此处暗示了 20 世纪 30 年代末苏联肃反期间的莫斯科审判。

论如何假定了一个虚构的结局，最终却要把一切行动、一切真理与这种历史意义挂钩，这同样是某种理想主义，而且是最糟糕的理想主义。那么把未来当成历史规律就是现实主义吗？未来恰恰意味着它还尚未成为历史，而且我们对于它之后将会成为什么一无所知。

在我看来，与之相反，我为真正的现实主义辩护，反对某种缺乏逻辑的杀人神话，反对浪漫的虚无主义，无论这种虚无主义是资产阶级的还是所谓革命的。说到底，我相信规则与秩序的必要性，远非什么浪漫主义者。我只是提出，不能随便制定规则。如果我们需要的规则是由这个规则错乱的社会，或者相反，是由那些声称自己摆脱了一切规则与一切顾虑的空论家提供给我们的，这将非常令人震惊。

三、马克思主义者及其追随者们认为他们同样是人道主义者。但对他们而言，人的本性将在未来的无阶级社会中得到创建。

这首先表明，他们现在就在拒绝接受我们所有人共同的本质：这些人道主义者都是对人类的控告者。这样一个意图会在诉讼环节发生偏差，谁会为此感到诧异呢？他们以未来之人的名义拒绝当下之人。这种意图本质上是宗教性的。为什么他们比那些预告天国即将降临之辈更有正当性呢？事实上，受限于我们的条件，历史的终点无法拥有任何可堪确定的意义。它只能是某种信仰对象，某种全新骗局的目标。这种今日的骗局，绝不弱于过去建筑在拯救非基督教灵魂的必要性之上的殖民压迫[1]。

四、事实上难道不正是这一点使您与左派知识分子分道扬镳了吗？

您想说的是，正是这一点使这些知识分子与左派分道扬镳吗？根据传统，左派一直在和非正义、蒙昧主义及压迫斗争。左派始终认为这些现象是相互依存的。认为蒙昧主义可以通向正义，认为所谓的国家利益可以通向自由，这样的想法是最近才出现的。真相是，某些左派知识分子（所幸不是全部）如今已然被力量与效率迷住了，就像我们那些右派知识分子在战前与战争期间那样[2]。他们的态度有差别，但放弃却是一致的。一方曾想成为现实主义的国家主义者；另一方则想成为现实主义的社会主义者。最终，他们都以某种现实主义之名背叛了国家主义与社会主义，这种现实主义从此

1　在西欧的殖民史上，一个重要的殖民借口就是必须让那些殖民地的异族接受上帝的信仰和荣光。

2　法国的许多右派知识分子在二战期间投靠了维希政府和纳粹德国。

之后失去了具体内容，并作为一种纯粹而虚幻的奏效手段而得到追捧。

这是一种我们毕竟可以理解的诱惑。不过最终，不管以何种方式绕过问题，那些自称或自认为左派的人，他们的全新立场就在于声称：存在一些情有可原的压迫，因为它们顺应了历史的发展方向，而这种方向根本无法证明。于是就会存在一些享有特权的刽子手，而没有任何东西曾经赋予他们特权。这有点像是约瑟夫·德·迈斯特[1]在另一个语境里说过的话，而他从未被人当作纵火犯。不过就我个人而言，我从不接受这一论断。请允许我使用直到目前为止仍被我们称为左派立场中的一个传统观点对其加以反驳：所有刽子手都是一丘之貉。

五、艺术家在当今世界中能够做些什么？

我们既不要求他们描写合作社，也不反过来要求他们自己对其他人在历史中遭受的痛苦感到麻痹。既然您要我谈谈个人看法，那么我就尽量谈得直率一些。作为艺术家，也

1　迈斯特支持君主制，反对革命，是保守主义思想的代表人物之一。他在《圣彼得堡之夜》中为刽子手树立过一个著名的画像："一切伟大，一切权势，一切服从都取决于行刑者：他是恐怖，也是人类缔结的绳索。"迈斯特认为刽子手的存在可以对社会发展有益。

许我们并不需要干涉这个世纪的各种事务。但是作为人，却需要这么做。那些被剥削或枪决的矿工，那些集中营与殖民地里的奴隶，那些遍布世界、为数众多的受迫害者，他们需要所有能够开口说话的人去取代他们的沉默，并且和他们同舟共济。我日复一日地书写战斗性的文章稿件，参与那些共同的斗争，不是因为我希望希腊雕塑与伟大杰作遍布世界。在我心里，怀有这种愿望的人格同样存在。只不过，相比于尽力让他想象力的创造物栩栩如生，他还有更重要的事情要做。但是从我最早期的那些文章直到我最近出版的那本书[1]，我写了许多，甚至写得太多了，因为我无法克制自己被每天发生的事情吸引，被那些受侮辱与受贬低的人吸引，无论他们是谁。正是这些人需要信心，如果所有人都缄口不言，如果只让他们在两种屈辱之间进行选择，那么他们将永远灰心绝望，而我们也将和他们一样。在我看来不能容忍这种想法，而那些无法容忍此事的人，同样无法安睡在他的高塔之中。这不是出于道德情操，而是出于一种近乎生理器官层面的排斥，有人体会到了，有人没体会到。我看到许多人没有体会到这种感觉，但我羡慕不来他们的睡眠。

　　不过，这并不意味着我们必须为了不知何种社会宣传去牺牲我们艺术家的本性。我在别处说过，为什么艺术

1　指《反抗者》。

家比以往任何时候更加不可或缺。不过，如果我们以人的身份参与进去，这种经验将会影响我们的语用方式。而一旦我们不首先在我们的语用层面成为艺术家，那我们还算什么艺术家？我们在人生中积极行动，即便在作品里谈论沙漠或自私的爱情，只要我们的人生是积极的，就足以用某种更隐秘的震荡令这片沙漠和这份爱情中充满人类。在我们开始走出虚无主义的时刻，我不会愚蠢地为了人性的价值而去否认创造的价值，反过来也不会。对我来说，二者从来密不可分，而我衡量一位艺术家（莫里哀、托尔斯泰[1]、梅尔维尔）伟大与否，就看他能否在二者之间保持平衡。今天，在各种重大事件的压力之下，我们被迫把这种张力带进了我们的生活之中。这就是为什么会有那么多艺术家在重压下屈服，躲进了象牙塔内或者避难于社区教堂。而我从中看到了同一种放弃。我们必须同时服务于痛苦与美。长久的忍耐，毅力，隐秘的成功，正是这些美德缔造了我们亟须的新生。

最后一句。这项事业，我知道它开展起来不可能不伴随着危险与悲伤。我们应该甘冒危险：艺术家安坐家中的时

---

1 列夫·尼古拉耶维奇·托尔斯泰（Lev Nikolaïevitch Tolstoï，1828—1910）：俄国小说家，创作过《战争与和平》《安娜·卡列琳娜》《复活》等巨著。加缪最为敬仰的作家之一，曾在笔记中将其与梅尔维尔、塞万提斯一起视为其最重要的文学参照。

代已经结束了。不过我们必须拒绝悲伤。艺术家的诱惑之一，便是自以为孤独[1]，事实上时常有人带着某种相当卑鄙的乐趣向他们叫嚣这一点。这不值一提。艺术家立身于众人之间，处于一个精确的位置，与所有那些正在劳动与斗争的人们相比，既不高也不低。面对压迫，他的使命就是打开监狱，去把所有人的不幸与幸福拿出来讨论。正是在这里，艺术在它的敌人面前为自己进行了辩护，同时恰恰显示出，艺术不是任何人的敌人。如果单枪匹马，艺术恐怕无法确保那种以正义和自由为前提的新生。但如果缺少艺术，这种新生将无法成形，因此将是镜花水月。没有文化，没有文化必须包含的相对自由，社会，即便是完美的社会，也只是一片弱肉强食的丛林。这就是为什么，一切真正的创造都是给予未来的一份礼物。

1　根据法国伽利玛出版社"七星文库"版《加缪全集》的注解，在通行的一些版本中，该词印作"solidaire"（"团结"），但根据加缪的草稿显示，此处原为"solitaire"（孤独），二者之间仅有一个字母之差。"七星文库"版选择了后者。读者可自行判断。

与阿尔贝·加缪访谈 [1]

（荒诞哲学家，脑力苦行者，路西法 [2] 式的反抗者，我想到了人们贴在加缪名下的各种标签，然而，这位《婚礼》[3] 中的诗人，他潜入大海，呼吸灼热的阳光，鲜花的芬芳……）

阿尔贝·加缪先生？

（伽利玛出版社的话务员用一种如此简单的方式念出了这个名字，让我感到心安。几分钟之后，我并不多么惊讶地发现，站在自己面前的是一个抽着绿盒高卢牌香烟的优雅年

1　该访谈最初发表于 1954 年 3 月 27 日的《洛桑日报》，采访者为弗兰克·约特朗（Franck Jotterand）。

2　路西法（Lucifer）是西方神话中的由天使堕落而成的魔鬼，最早出于《圣经·旧约·以赛亚书》。"lucifer" 一词在拉丁语中意为 "带来光明"。在英国作家约翰·弥尔顿的《失乐园》中被描写成了一个反抗上帝权威的英雄。

3　《婚礼》是加缪出版于 1939 年的一本抒情散文集，共包含四篇散文，谈论了他对生活的热爱和对死亡的憎恨，语气富有诗意。加缪在《婚礼》中直抒胸臆地谈论了他对人生的理解，是理解其思想的重要门径。

轻人，而不是被那些传奇故事打造成的一尊纯金装饰的黑色大理石雕像。)

我被这种严厉与道德的名声弄得疲惫不堪，我也根本配不上，但人们非要强迫我接受，就像是在帮倒忙。也许《夏天》[1] 的出版将把这种形象略微擦掉一点点呢？

(加缪工作的办公室非常明亮，落地窗正对着一块露台。壁炉上放着一堆堆书籍。)

那些想要以自己的方式彻底改变世界的年轻人寄来的随笔文章想必已经把您淹没了吧？我注意到，像"太阳的""荒诞的"这些从您的作品中捕捉到的词汇，如今使用率非常高。

在作家职业中存在一种公众面向，它会使您受到各种倒霉事的威胁。为了晚报的需要，思想转变成了标语口号。在日常生活中，我甚至再也不说"这简直荒诞"。还有其他一些人们动辄对我念叨的术语：限度、节制……以后我必须

---

1 《夏天》是加缪出版于 1954 年的一本抒情散文集，共包含八篇散文，按照写作时间顺序排列，从 20 世纪 30 年代末一直到 50 年代，延续了《婚礼》中的风格，涉及的问题更加广泛。

更新我的形容词。(他笑了起来。) 这是一个累人的职业。

(加缪向我展示了他的露台,上面种植着各种祈盼春天降临的灌木。在一扇窗户边上,种着一些球茎类花卉。)

那是拉马尚 [1],我的邻居。他对园艺颇为得意,正在准备栽培他的风信子。

(我们回了屋。加缪来回踱步,在他的手势以及流畅的对答中,存在着南方人特有的活力。谈话进入了戏剧领域,谈到了昂热戏剧节,之前上演了卡尔德隆原作、加缪改编的《献身十字架》[2]。)

我喜欢西班牙作家充满矫饰的一面。我被这种风格迷住了。为了翻译,我尽力重现卡尔德隆的音乐性和节奏感,几乎可以说是在模仿他。

---

1 雅克·拉马尚(Jacques Lemarchand,1908—1974):法国评论家。1943年进入伽利玛出版社工作。很快便和加缪成为好友,尤其是在戏剧领域,加缪在20世纪40年代多次向他约稿,请他为《战斗报》撰写戏剧评论。拉马尚后来成了法国著名的剧评人。

2 佩德罗·卡尔德隆·德·拉·巴尔卡(Pedro Calderón de la Barca,1600—1681):西班牙作家。1636年创作戏剧《献身十字架》。1953年,加缪以法语译本为底本将其搬上舞台,在当年的昂热戏剧节上进行了首演。

您有其他戏剧计划吗？

我很想改编《群魔》[1]，不过这依然是个十分遥远的计划。在陀思妥耶夫斯基笔下，有一种与人物交谈的间接方式，像马匹一样侧对步[2]行走，让我很中意。我认为，在把小说搬上舞台的时候，可以保留小说的许多财富。

那小说呢？

我已经有很久没写想象性的作品了。最近这段时间我在写短篇小说[3]。这有点像是某种过渡状态，同时我发现这种文体很适合我。我必须和您谈谈我的下一部长篇小说吗？书名和主题我已经有了：《第一个人》[4]，不过对于剩下的内容，我一直在边做边改。总体的框架，是我在《夏天》中谈论过的那片没有往昔的土地，是由各种差异巨大的民族造就的移

1　加缪最终在1959年完成了对陀思妥耶夫斯基小说《群魔》的戏剧改编，1959年1月30日在巴黎安托万剧院首演。

2　侧对步特指马匹等四足动物同侧两腿同时举步的特殊步伐，步态优美但步速较慢。

3　指1956年出版的《堕落》和1957年出版的短篇小说集《流亡与王国》。

4　《第一个人》是加缪最重要的小说遗稿。加缪在1960年车祸去世时，其随身携带的公文包中存有两百多页《第一个人》的手稿。该作品最终在1994年以遗作形式出版。小说以第三人称叙事的形式，借主人公雅克·科尔梅利的经历，重现了加缪自己的人生乃至其族群的变迁，从作为移民一代的父母踏上阿尔及利亚一直写到独立战争爆发的当代，是一部典型的自传小说，描述了在阿尔及利亚大地上生活的一群没有历史、没有过去、没有依靠，只能自己去独自面对生活的"第一个人"。他既是加缪自己，也是阿尔及利亚这片土地上千千万万的民众。

民者的土地。

这些移民把他们各自的传统也一起带过来了吗?

总体上来说这些传统并不太强，很快就消失了，面对大环境没有抵抗力。所以我想象出一个"第一个人"，他从零开始，既不会读书，也不会写字，既没有道德，也没有信仰。你可以把这看成一种教育，不过缺少了教育者。

您把这个故事设定在哪个时代?

它将被铭刻于当代史中，在一场场革命与战争之间。

有人对您作品风格尽善尽美提出了指责。

指责一个作家"写得太好"，这正是亵渎! 如果没有技艺，作品就一文不值。

《夏天》

在您最近发表的《夏天》这一系列散文中，除了年代顺序，是否还存在其他顺序?

不。人们可以在其中发现的唯一一种演变，就是一个人在二十五岁到四十岁之间通常遵循的那种演变。这些散文当然与《婚礼》密切相关，通过某种金丝联系在一起。《婚礼》1938 年出版于阿尔及尔[1]。《夏天》中的第一篇散文写于1939 年。

您在《夏天》中写道："为了更好地服务于人，也需要在某一刻与他们保持距离。"[2]

我想借这句话指出，一切思考周虑的行动都需要内省，需要开战前的不眠之夜。

您这样说："人类在从自身命运中获得觉悟方面，从未停止前进的脚步。"[3]

今天的人类并没有把自己认识得更清楚，至少我不相

1　加缪在此处的记忆有误，《婚礼》1939 年 5 月由阿尔及尔的夏尔洛出版社出版。

2　出自《夏天》中的第一篇散文《弥诺陶洛斯或奥兰小憩》。完整的句子是："为了理解世界，有时候需要转身离去；为了更好地服务于人，也需要在某一刻与他们保持距离。"

3　出自《夏天》中的《杏树》。具体上下文是："我并不十分相信理性一定带来进步，也不相信任何关于历史的哲学。但我至少相信人类在从自身命运中获得觉悟方面，从未停止前进的脚步。我们从未超越自身的处境，但我们却对它有了更深刻的认识。我们知道自己处于矛盾之中，但我们也知道必须拒绝矛盾，并尽可能地为减少矛盾而努力。"

信，不过他对于自己的人生际遇产生了更加清楚的认知。我认为，从许多方面看，中世纪的人类曾比不受束缚、失去根基的我们更加富有。不过我们得到过更多警告[1]。

一方面是交流以及"大众媒体"的发展，另一方面是各种报纸的发行，难道不能带来某种总体上的充实吗？

这种您所谓的"大众媒体"，正在引起价值的贬黜。

您不认为在人类之间存在着某种更加广大的团结精神吗？氢弹本身，不也帮助我们意识到某种危难以及共同命运吗？

这是枷锁的团结。我们不能设想欣欣向荣的团结吗？

您谈到我们人生的"悲剧性"。悲剧是独属于我们这个时代的吗？

在历史上当然存在过一些非常灰暗的时代。但还是请

1　更多警告（plus avertis）：在法语中"avertis"一词的本意是"通知过的，警告过的"，引申为"有经验的、内行的"，所以加缪的意思其实是，我们比古人得到了更多警告、更多教训，所以比他们更有经验。

您想一想，七千万人[1]被杀死、被枪决、被流放。我们生活在一个集中营的世界里。我这一代人在战争中生长起来：我诞生于 1913 年，那是世界大战的前夜；我二十岁时，希特勒掌权了[2]，三十岁则是集中营……

这些因素难道不恰恰要求艺术家介入吗？

毫无疑问，不过并非那些"介入文学"的支持者[3]所理解的意义上。必须意识到某种限度。我不认为艺术家们可以当共和国的好总统。

今天的年轻人难道不需要某种道德、某种追随的脚步吗？在共产主义与教会这两大阵营之间，他们只能找到赤脚郎中、江湖骗子、还俗的僧侣、冒名的党派……

---

1 通常认为在二战中直接死于战争及与战争相关原因（如因战争导致的灾害、饥馑、缺医少药、传染病蔓延、征兵、征募劳工、屠杀等）的人约为七千万。

2 希特勒于 1933 年开始担任德国总理，掌握了德国的政治实权，这一年加缪恰好二十岁。

3 在法国文坛，"介入文学"最重要的倡导者就是让-保罗·萨特，他在 1948 年出版的《什么是文学？》一书中，就已经详细提出了"介入文学"的理念，认为作家须通过作品对当代社会、政治事件表态，从而保卫日常生活中的自由。但加缪对此一直保持着深刻的怀疑，他认为"介入"的应该是艺术家其人，而不应该把作品矮化成某种政治抗诉。

艺术家、作家出现在世界上不是为了取悦年轻人。他们出现是为了讲出真相。如果年轻人排斥他们，他们就会独自行动；如果他们的观点恰好与年轻人的观点吻合，他们将欢欣鼓舞。如今有人要求各种可以追随的脚步和技术。但是一位作家，当他自己还在每天学习如何行走的时候，如何能够给出关于走路的各种指令呢？

对您来说，当下最根本的任务是什么？

拒绝那种建立在专断之上的所谓国家利益，没有任何事情比这更值得去做。普遍化地遵守这些东西不过是偷懒而已。

我们需要宽容……

（如何拒绝那些所谓的国家利益呢？通过反抗，"反抗就是拒绝去思考某种绝对的理念有可能实现"，加缪对我们说道。反对各种意识形态，反对革命（它已然背叛了自己并把自身当成了绝对），反抗拒绝为一个不确定的结果牺牲当下。"毫不迟疑地献出它的爱之力。"[1]

---

1 语出《反抗者》的最后一章《南方思想》的最后一节"超越虚无主义"。完整的句子是："这种疯狂的慷慨正是反抗具有的慷慨，它毫不迟疑地献出它的爱之力以及对于非正义毫不拖延的拒绝。"

我们谈了一个多小时。加缪的脸上常常带着一种严肃的神情，不过在他的言辞中没有丝毫拿腔拿调。一个手势减缓或者加强一句话，一个微笑修改这句话，延长这句话……我们继续谈论了戏剧问题，谈到了《被告的世界》，在我看来戏剧是对瓦尔特·延斯[1]作品的一次相当平庸的改编。）

这部作品断言我们所有人都有罪，您对此作何感想？

许多现代作家，包括无神论存在主义者[2]在内，已经消灭了上帝。不过他们却保留了原罪的概念。人们曾经过度肯定创世的无辜。今天，又想用我们罪行的重负把我们压垮。我认为，应该存在某种居中的真相。

（在谈过戏剧之后，我们又谈到了《堂吉诃德》，这是加缪最喜欢的作品之一。）

人类正在越来越频繁地受到攻击！不过，我们每个人

1　瓦尔特·延斯（Walter Jens，1923—2013）：德国作家。他出版于 1950 年的小说《被告的世界》对极权主义乌托邦进行了揭露，20 世纪 50 年代在法国引起了轰动。1954 年被法国导演伊夫·布兰维尔（Yves Brainville）改编为戏剧，在巴黎著名的老鸽棚剧院上演。

2　加缪把胡塞尔、海德格尔及萨特称为无神论存在主义者，以此与克尔凯郭尔、舍斯托夫等有神论存在主义者相区别。

都非常需要宽容！您还记得那个片段吗，桑丘·潘萨[1]作为一个岛屿的总督，必须在岛上恢复正义？事情非常错综复杂。桑丘叫喊道："既然我们不能让正义变得清楚明白，那至少让我们呼唤上帝的仁慈吧！"

（加缪微笑着总结道：）

您现在去巴黎的街道上谈谈上帝的仁慈吧⋯⋯

1　桑丘·潘萨（Sancho Pança）是堂吉诃德家乡的一个农民。堂吉诃德哄骗桑丘说如果夺下一座岛屿就让他做总督，于是成功地让桑丘随自己一起出行。之后，堂吉诃德和桑丘成为一对公爵夫妇的捉弄对象，公爵夫人假意让桑丘担任某个海岛的总督，实现了他的憧憬。桑丘担任总督期间，出乎意料地对各种案件做出公平的判决，但他经常遭到旁人捉弄，最终只好弃官离去，回到堂吉诃德身边。

让·莫甘访谈阿尔贝·加缪 [1]

　　我以为，人们经常会在阿尔贝·加缪身上把艺术家、道德家尤其是哲学家混为一谈。阿尔贝·加缪先生，我首先想问，作为这种混淆的受害者，您对此有什么看法？

　　好吧，这种混淆不可避免，不过假如艺术家对自身的看法有其正确性，那么我想坚持的一点就是，从个人角度，我感觉并且认为自己首先是一个艺术家……

　　对不起，我不想打断您的话，不过我相信您认为您作为一个人的发展历程与作为艺术家的发展历程是齐头并进的。

　　是的，在我看来，除了那些亲自体验过的事物，我没有能力谈论其他东西，再引申远一点，在我身上存在某种无

1　该访谈录制于 1955 年 9 月 13 日，仅有录音存世，根据录音整理。

能，我表露这一点并无荣耀可言，但除了自己体验过很长时间的事物，我没有能力谈论其他任何东西。在我作为艺术家的工作中，我经常会表达一些感受和想法，去为它们赋予某种形式，这些感觉和想法我早已在心底体验了很久，但在那之前却一直不敢赋予它们这种形式和表达。

所以我们可以说，在您笔下，那些在您作品中尤其是从您作品中提炼出来加以阐明的重要词汇、关键词汇，那些关于荒诞与反抗的词汇，完全不是某种智力判断，尤其不是思维判断的结果，而是一种近乎情感层面的感性经验的结果。

可以这么说。毫无疑问，一切艺术家的命运，就是被埋葬在他找到的那些表达方式之下。我看不出为什么偏偏自己能逃脱这种命运。尽管如此，由于我始终能够对自己具备某种看法，我在作品中谈到的，以及人们关于我的言辞而提及的那些关于荒诞与反抗的概念，对我而言都是我亲身经历过的概念，我的意思是，说到底，我谈论的是所有人都感受到的东西。我不能去谈论其他问题，原因就在于我不觉得自己最初的感受独属于自己，我感到一种与那些围绕在我身边的人十分相似的感受。我从来都不觉得自己是孤立的。关于荒诞，这是一种任何都可以在地铁、在出租车上产生的经验。总之，这是一种分离感与异样感，而我试图对此进行分析。当然，一种感觉无法适用于一切，也无法使用这种感觉去对一切做出解释，我也一直在对我的这些印象做出批评，被引导着去对荒诞的概念做出批评，尽管它是一个深刻根植于我体内的概念。同样，我也被引导着去对反抗的概念做出批评，尽管它同样是一个深刻根植于我体内的概念。总而言之，我可以说，作为艺术家和作为一个人，我迈出的是同样的步伐。这就可以解释人们所谓的那些"我的思想演化"。事实上并不是我的作品在演化。是我的人生。

加缪先生，我们在这里当然不是为了从事哲学研究，不过在话题离开荒诞与反抗的领域之前，还是需要您为我们展现一下您的处方。您的某些评论者提出，对您而言，荒诞意味着某种关系，是世界的本相与它对我们显现出的外相之间的关系，是这个非理性的世界与人类意识之间的关系，荒诞就是这种对抗与较量的结果，我想您曾在什么地方说过，这个非理性的世界与人类意识之间存在某种较量。这在您看来作为定义是否有效？

因为我不是这一定义的发明者，所以它在我看来更显得有效。是的，自从帕斯卡尔以来，这个话题就已经得到了大规模的发掘。

那么关于反抗，"反抗"一词乍看之下显然意味着无论什么人精神世界中的一种感觉，不是傲慢，而是一种彻底的起义。不过我认为，透过您极其微妙的作品，如果想要试图在您的作品中重新抓住您对于反抗给出的诸多定义，我们将会，就像物理学里面说的那样，拥有一段"光谱"。

我们确实可能拥有一段"光谱"，理由就是反抗如同人类的头脑或心灵拥有的任何情绪一样，它既是最好的事也是最坏的事。一位作家对人类的激情与对人类的智慧同样感兴趣，这是非常自然的。这是为了在最简单的个人生活层面（如同在社会生活层面一样）赋予这些激情最大的效率，最大的潜在效用。我曾试图从反抗中提取出构成某种态度的诸多要素，这种态度不是纯粹的毁灭，不是纯粹的虚无主义。这就足以说明，完全可以这么认为，我并不是出于美学口味或者个人爱好而对当代的虚无主义产生兴趣，我感兴趣的是如何将其超越。

我觉得这说得非常清楚。我还想向您提问，既然您非常明确地说过，在您身上，荒诞感完全没有把您与其他人分隔开来，而是恰恰相反，它被视为所有人意识中的关键论据之一。那么为什么今日之人对于荒诞更加敏感，我的意思是，例如在我看来，似乎在古典文学中就找不到关于这种感觉的什么重要痕迹，为什么今日之人比 17 世纪的人对于荒诞更加敏感呢？

当然更加敏感，因为今天的人已经丧失了他的根源与框架。很显然，欧洲也同样已经丧失了它的宗教与社会信念，至少西方世界已经丧失了它的道德根源。所以人当然会觉得更加孤单，更加缺乏保护。某种深刻的不安感根植于那些西方的主宰者心中，这丝毫也不令人惊讶。总之，我描述清楚了那些我想要讲出的内容，同时也在提醒大家注意我在某本书里说过的东西：这个在五十年内杀害、流放和驱逐了七千万人的欧洲，显然不是一片可以让人舒适称心的安居之所，至少现在不可以。而且我们已经看得相当明白，今天的欧洲人似乎在反对奴役或反对疯狂的选择上犹豫不决，全方位转身。从我的角度，我认为存在一条从奴役与疯狂之间穿过的道路，而知识分子（尤其是他们）的任务就是至少发现这条道路。

在涉及最重要的问题，也就是您的作品本身（它们是所有这些精神思虑的物质结果）之前，我想要澄清的最后一点就是：对于您来说，荒诞并没有在人类身上引起精神的贫瘠，而是与之相反，我感觉它意味着某种启示，例如它完全不禁止欢乐，在一定程度上也不禁止政治介入，不禁止爱情以及所有这些感觉，却从深处对它们加以更新。我们可以用一个略显迂腐的说法，荒诞在这些方面起到的作用就像是某种"净化"。

是的。对我而言，荒诞是，曾经是一个起点。所以我自然觉得它远非什么导致贫瘠的因素，舒适、沉睡、自我满足、心灵的资产阶级化，是造成精神贫瘠更加根深蒂固和蠢蠢欲动的要素。我从来不认为我们可以在荒诞态度上停步，就像我们不能在某种纯粹否定性的态度上停步。在我看来，恰恰相反，这种可以在人类身上唤醒的发自内心的不满，有能力带来行动、激情与欢乐。我在我的作品中持之以恒的努力，就是为征服荒诞尽力给出某种表述、特征与阐释。

那就正好让我们进入您提到的作品吧，您的这些作品，当然需要赋予它们某种形式，而面对这个被您以如此鲜明的方式揭开的荒诞世界，这种形式大概应该尤为坚韧。我认为，将来能够对当今的作家们做出区分的诸多事物之一，就是风格。我想对您来说，与如今被过度采纳的观念相反，风格与作品是绝对密不可分的。

是的。我知道，当今的时尚，是把写得糟糕视为好好思考的先决条件。我可以毫不犹豫地说，这不是我的原则。我觉得在对风格提起诉讼之前，作家们还是先给出他们的证据为好，之后他们可以再去起诉。总而言之，对我而言，既然您向我询问我的意见，那么我要明确地讲，在作品的结构风格之外，对我而言只存在一些二流作家，比如那种什么题材都写的人，比如那种就知道埋头码字的人，他们的技艺和探索也可以有其用处，但是作为艺术家却始终是二流的。

我认为这就是一个宣言，必须对它的重要性加以强调。因为如同某几位当代要人的名讳那样，人们过于频繁地利用您的名字去授权出版一系列作品，它们都被冠以"见证"这种过于轻便的头衔。那么既然您不仅谈到了文风，还谈到了结构，我想请您为我们谈一谈《鼠疫》的结构。很显然，在《鼠疫》中出现了一连串的，或者更准确地说，出现了许多差异巨大的风格之间的交替，这是您故意为之的吗？

是的。相比您刚刚向我提出的那些大问题，这个问题让我感觉更加自在一些。关于《鼠疫》，我确实对这本书的结构进行过一番深入的推敲，因为它需要某种结构，一会儿我就会说到底是哪种。另一方面，我也同样推敲过如何让这种结构隐而不显。关于第二点，我做得相当成功，因为我之前没有在任何地方看到我接下来要对您讲述的内容被揭示过。粗略地概括一下，《鼠疫》是一个关于某种流行病的故事，它袭击了一座城市，而城市中那些曾经以最平庸也最简单的方式各自生活的人，逐渐在这场流行病中、在这场集体悲剧中被带动起来，最终在疾病的统治之下汇合到了一起，之后，疾病开始退却，这些独立个体渐渐尽其所能地恢复了他们各自的活动。我当时立刻就想到，小说从总体上需要具备两种风格，一种恰恰涉及那些个体的活动，另一种则与之相反，涉及集体的悲剧，涉及灾难的形成。如果有一天您重新拿起这本书，您会看到《鼠疫》由五个部分组成。第一个部分就是用我所说的"个体"风格写成的，这种个体风格描述了奥兰市民们的各种际遇，因为这场流行病是在奥兰发生的，并且展现了他们在各自天地中的变化。在第二部分中，鼠疫已经降临了，不过它还没有开始把众人集合起来，所以您会在第二部分中发现两种风格，个体风格再加上一种描述疾病各个阶段的专属风格。在作为全书高潮的第三部分中，鼠疫统治着城市，个体风格立刻销声匿迹，我们在这一部分只会发现集体风格。而在第四部分，从鼠疫开始退却的那一刻开始，相应地个体风格又渐渐重见天日，而在全书的结尾部分，摆在面前的就完全是个体风格了，因为鼠疫已经过去了。您也许还记得全书完结于这样一个画面：一个孤独的男人俯瞰着城市，陷入了某种孤独的沉思。所以，在全书的结构之中，存在两种风格极端紧密的交错，在我看来我已经尽我所能地让这两种风格适应于这本书的意图，以及严格来说适应于它的主题。

我认为，关于您刚才提到的风格的重要性，您给出了一个典范性的证据，这其中有一种真正的文学配器法！由于我们将在这期节目的播出过程中让观众收听一些您的戏剧片段，我也很想问您，您是如何被逐步引导，在《戒严》中给出了一种与您的其他剧本都不一样的风格的呢？

好吧，某种与《鼠疫》类似的思虑促使我做出您谈到的这种选择。因为对我而言，《戒严》是对人民戏剧（因为现在人们经常说起这个词)，好吧，对大众戏剧的第一次尝试。总之我打算呈现一种灾难，而这一次它披上了官僚主义的好战形式，压制了一群有如西班牙人民那般极其活跃且高贵的民众的生活。因此，我选择用两种语言来进行表达，说到底就是选择使用两种风格，第一种出自在刚刚统治全城的灾难的旗帜下那些附庸和公务员之口，这是一种干涩的风格，一种官腔的风格；另一种则与之相反，是民众的语言，对我而言代表着自由与诗歌的力量，是一种极其抒情的风格。我们在《戒严》中看到的这种抒情性，照我看来恰恰与那些奋起抵御专制与独裁之力的东西相互呼应。

我相信，如果能让作者时不时进行类似的解释，批评家们将得到指引，从而对某些剧本少写点蠢话。加缪先生，最后一个问题关于作为"身具美德之人"的加缪。在阅读您诸多作品的过程中，人们希望您在当代文学的全景图中能够成为一个"身具美德之人"。

　　好吧，这就证明，人们对于提到的这些书读得很不到位。因为与之相反，很容易就可以从中看到它们在承认某种，我不说某种弱点，因为那不能称为"弱点"，而是说到底，对于在所有人身上都存在的尽可能远离美德的东西，承认某种对此极其忠实也极其清醒的亲缘关系。如果说有什么经验让我觉得陌生，那无疑是那种纯粹彻底的美德。感谢您给予我这个机会让我说出这一点。

关于《修女安魂曲》的几次访谈 [1]

阿尔贝·加缪与威廉·福克纳的相遇能否为我们带来第一出现代悲剧？ [2]

(阿尔贝·加缪回归剧场。通过一位中间人。威廉·福克纳委托加缪来当自己在法国公众眼中的代言人。《误会》[3] 的作者谦虚而和气，为《修女安魂曲》的作者侧身让路，甚至甘愿在马图兰的舞台上进行最初的尝试。

彩排还有三周时间 —— 首演的准确时间是 9 月 20

1　《修女安魂曲》是美国作家威廉·福克纳发表于 1951 年的小说，小说本身就具有戏剧形式。加缪于 1954 年给福克纳去信，表示他在阅读英文原版之后大为赞赏，希望能够对其进行法语改编并在巴黎搬上舞台，得到了福克纳的同意。1956 年 9 月 20 日，由加缪亲自改编并导演的《修女安魂曲》在巴黎的马图兰剧院上演，获得了巨大成功。在首演前后，加缪接受过一系列报刊专访。在伽利玛"七星文库"版《加缪全集》中，这些采访以《访谈片段》为总标题收录于《修女安魂曲》的附录部分，但在收录过程中，不但删去了采访者撰写的一些开篇背景交代，而且有部分篇目中遗漏了访谈内容，中文版在此依据原刊进行了还原。

2　该访谈最初发表于 1956 年 8 月 31 日的《世界报》，采访者为克劳德·萨洛特（Claude Sarraute）。

3　《误会》是加缪完成于 1943 年的一出戏剧。

145

日——对这出典型的福克纳式悲剧做出调整必须进行多次排练，从这些排练中管中窥豹绝非无足轻重。

加缪亲自监督彩排，他毫不犹豫地投入了他全部的天分、全部的技巧去为一位外国作家服务。有必要回顾一下，这种技巧，他在阿尔及利亚时便获得了，他有好几年时间都在那里主持一个英勇的小剧团，其中的保留剧目完全不输工坊剧院[1]。从马尔罗《轻蔑的时代》到维尔德拉克[2]的《不屈号邮轮》，长长的剧目单收录了阿尔贝·加缪及其"团队"的每一出戏，提供给一群主要由学生与工人组成的热情公众。

在最近的昂热戏剧节上，卡尔德隆与皮埃尔·德·拉里维[3]也获得了一种他们自己的作品常常缺少的舞台经验。

没有什么比加缪最近承担的工作更加艰巨了。这涉及如何在天井与花园之间展开一本两百五十页的对话体小说，长线情节的几个发展阶段将小说切分成了数个部分，由行动的不同场所予以暗示。

在光线昏暗的舞台上，有两把椅子和几条长凳，审判席前，一位被控杀害儿童的前妓女即将受审。在滑道上，是

1　工坊剧院（Théâtre de l'Atelier）是位于巴黎十八区蒙马特高地上的一家著名剧院，落成于 1822 年，上演过许多知名剧作家的剧目。

2　夏尔·维尔德拉克（Charles Vildrac，1882—1971）：法国作家，《不屈号邮轮》是他创作于 1920 年的戏剧。加缪在团队剧院工作期间导演过这出戏。

3　皮埃尔·德·拉里维（Pierre de Larivey，1541—1619）：法国作家。加缪对拉里维《幽魂》的改编开始于 1940 年，但直到 1953 年的昂热戏剧节上才进行了首演。

法庭的布景，随时准备降下。加缪邀请我们在等待期间坐坐庭长的席位，让他回答各种问题。身体放松，满含笑意，他在被告证人的位置上表现出动人的诚意。)

这种布景已经足以向您说明，在这出悲剧中掺杂了强烈的侦探小说元素。许多悲剧都具有这种成分。看看《厄勒克特拉》[1]或者《哈姆雷特》吧。福克纳很清楚这一点，他从不抵触在各种报纸的社会新闻中寻找他笔下的人物。

这些人物都有哪些？

坦普尔·德雷克[2]最终供认了她的罪过，却未能因此成功制止对女犯执行死刑。所以，这是一个秘密。也是一种冲突。这种冲突让主人公们去对抗他们的命运，却又化入他们对这种命运的承受之中。这就是古希腊悲剧的关键。福克纳利用了这一点，以此打开通向现代悲剧的道路。尽管他的这部作品并不是为舞台创作的，但具有一种完全戏剧性的强

---

1 古希腊戏剧家索福克勒斯与欧里庇得斯都创作过名为《厄勒克特拉》的悲剧，之后在欧洲文学史中得到过许多剧作家的改编。

2 坦普尔·德雷克是《修女安魂曲》中的女主人公，她的女儿被其女仆南希·曼妮戈杀死，但其中原因错综复杂，她的丈夫高文·史蒂文斯早年曾在酒醉状态下奸污过她，后来出于荣誉感和责任感娶了她，但关系一直不睦。坦普尔本人也曾试图抛弃家人，与别人私奔。

度，在我看来它是最接近某种悲剧理念的作品之一。

我想，这个关于现代悲剧的问题，始终让您感兴趣。这是不是您同意指导这出"安魂曲"的理由？

因为这部作品本身。还要加上我对于心目中最伟大的美国小说家毋庸置疑的敬意。您看，我们正生活于一个极度戏剧化却尚未产生其戏剧作品的时代。福克纳让人瞥见，属于我们这段历史的悲剧终于能够有机会登场。

一切困难岂不恰恰在于如何让一种悲剧语言向当代人开口吗？

大概吧，不过我希望已经克服了这一点。我曾尽力模仿福克纳喘不过气的文风，那正是苦难本身的特征……

是他全部宗教信仰的基础……

是的！一种奇怪的宗教信仰，在他的新作《寓言》[1]中得

---

1 《寓言》是福克纳创作于 1954 年的一部战争题材小说。描写了一战期间一位法军下士作为耶稣转世，鼓动士兵停止进攻德军，战争因此停止。但军队领导需要靠战争攫取权力，因此处死下士，重新开战。下士的坟墓在开战后被炸毁，但其圣灵却保存了下来。

到了更加清晰的表述，小说中的各种象征让人瞥见某种通过苦难与屈辱而获得救赎的希望。而在这里，则是南希·曼妮戈，凶手兼妓女，福克纳把他需要传达的信息交由她负责。这不是一个意外。

他有没有向您解释过《修女安魂曲》这个名字的含义？

他？您想想，我只见了他十分钟，他根本没和我说上几句话。不，当我们了解清楚妓院和监狱在这个世界中扮演的角色，这个标题便呈现出了它全部的意义。南希与坦普尔是两个进入卑劣与赎罪之修道院的修女。

无论福克纳的信仰传播得多么广泛，它没有与您个人的不可知论发生冲突吗？

我确实不相信上帝。不过我也并不因此就是无神论者。我甚至可以赞同邦雅曼·贡斯当的意见，在无宗教信仰状态中发现了某种庸俗和……对，过时的东西。[1]

1　语出邦雅曼·贡斯当 1805 年的日记，原话为"在无宗教信仰状态中存在某种令我反感的粗俗和过时的东西"。

是否应该从中看出您思想的某种演变迹象，对于福克纳的这种兴趣不会预示出您有可能归附于神灵，甚至教会的教义吧？《堕落》[1]的某些读者不是没有这方面的期待。

没有任何东西真正允许他们这么想。我的法官—忏悔者[2]不是清楚地说过，他是西西里人和爪哇人吗？与基督教没有一点关系。像他这样的人，我对其中的佼佼者怀有深厚的友情。我欣赏他生活与死去的方式。我想象力的匮乏禁止我追随他走得更远。顺带说一句，这就是我和这个让-巴普蒂斯特·克莱芒斯唯一的共同点，而总有人执意要把我和他混为一谈。这本书，我本想将其命名为《我们时代的英雄》[3]。它最开始仅仅是一部长一些的短篇小说，原本是打算把它收进明年一月出版的一本名为《流亡与王国》的文集里的。不过我当时任由我的意图裹挟了我：为那种如今遍地都是的小先知画一幅肖像。他们完全没有预告任何东西，只会在承认自身罪过的同时控诉他人，除此找不到任何更值得做的事情。

---

1 《堕落》是加缪出版于 1956 年的一部小说，通过主人公克莱芒斯的经历暗示了一种人性的危机和堕落。

2 "法官—忏悔者"（juge-pénitent）是《堕落》中克莱芒斯对自己的定位。

3 加缪后来觉得《我们时代的英雄》与俄国作家米哈伊尔·莱蒙托夫的《当代英雄》过于接近，因此弃用。

您正在准备其他东西吗？

是的，一本新小说：《第一个人》。我不认为自己能在两年内完成这本书。另外，我还打算有朝一日写一出没法表演的戏，一个《唐·浮士德》或者《璜博士》[1]。靡菲斯特将在其中具备斯卡纳内尔的特征[2]。

阿尔贝·加缪："这个悲剧的世界尚未找到属于它的剧作家。"[3]

（福克纳的《修女安魂曲》，即将从 9 月 20 日起在马图兰剧院的舞台上开始公演。

我们在舞台上遇见了阿尔贝·加缪，他改编了福克纳的这部充满戏剧性的短篇小说并且亲自对其进行导演。

《修女安魂曲》是以对话体写成的，并且带有一些舞台表演提示，不过原作者从未准备将其搬进剧场。）

1　加缪在此故意混用了欧洲文学史中的两个重要文学人物唐·璜与浮士德博士。

2　靡菲斯特是歌德《浮士德》中的魔鬼，诱惑浮士德走向堕落。斯卡纳内尔则是莫里哀《唐·璜或石之宴》中唐·璜的仆人。斯卡纳内尔一词的意大利语词根"sgannare"意为"引导人去看那些被其忽视的东西"，是莫里哀剧作中的重要功能性配角。

3　该访谈最初发表于 1956 年 8 月 31 日的《战斗报》。

我必须重新塑造一种形式，哎！必须在文本中进行剪裁。这不是一出戏，而是一个芜杂的世界，由我把逻辑引入其中。对于法国公众而言，戏剧如果缺少统一性是不合适的……

您在改编过程中还遇到过其他困难吗？

并不存在什么难题。我喜爱而且欣赏福克纳。我认为自己对他的理解相当到位。尽管他没有为剧场专门写过什么作品，但他在我眼里却是这个名副其实的悲剧时代中唯一的剧作家。现在，"蒂托"和贝蕾妮丝的恋情[1]不会让任何人感兴趣，却给我们留下了一个古老但始终切近的主题，它也许是世界上唯一的悲剧题材：盲目的人类，在他的命运与责任之间彷徨失措。必须找到一种简单的对话，可以在那些同样简单的人之间使用，尽管他们西装革履，却依然可以变得高贵庄严。唯有福克纳知道如何找到一种声调的激烈强度，一种近乎难以忍受的处境，让那些人物必须通过某种暴力和超常行为获得解脱。

---

1 蒂托（Tito）是罗马皇帝提图斯（Titus，39—81）的俗称，传说与犹太公主贝蕾妮丝（Bérénice，28—79）有过恋情，是西方古典文艺作品中的重要主题，著名的有皮埃尔·高乃依的剧作《蒂托与贝蕾妮丝》、让·拉辛的剧作《贝蕾妮丝》、莫扎特的《提托的仁慈》等。

在您自己的戏剧作品中，您操心过这方面的问题吗？

有……但我没成功！

您有意再写一出别的戏吗？

有……以后吧，等我写完一本新小说，小说的题目是：《第一个人》。主题相当平淡：教育，如何造就一个人。

您有其他的导演计划吗？

明年《戒严》[1] 将在雅典露天表演。我已经受邀去组织这次演出。这个邀请很有吸引力。当然，我一直梦想拥有一家剧院，梦想领导一个剧团……不过需要选择！

我很想拥有三种人生：第一种是当作家；第二种是做个戏剧人……

第三种是做活动家吗？

不！第三种是每个星期天都去看足球比赛的人！另外，

1　《戒严》是加缪出版于 1948 年的一部剧作，内容与《鼠疫》接近。

您所谓"活动家"[1]指的是什么？就个人而言，当我再也不能接受各种事情在现实中的模样时，我就会行动起来。例如：波兹南[2]。不过，人们染上的这种"参与"病其实是哗众取宠[3]。对我来说，在这个悲剧性的世界上，我认为必须在当我们感觉到需要的时候，花时间写作，尽一切可能为了戏剧舞台写作。因为戏剧对大众产生作用。

（莱昂诺尔·菲尼[4]完成了她的布景设计草图。

在孤立的舞台上，白色的光线中，卡特琳·塞勒、米歇尔·奥克莱尔、塔提亚娜·穆金娜还有马克·卡索[5]正围着一个空威士忌酒瓶排练一幕无声的场景。他们都属于同一种戏剧人，同样的感受力令他们轻颤并俘获我们……他们集合起来就足够：没有灯光，没有幕布，没有布景，好戏开场。）

---

1 "活动家"的法语是"l'homme d'action"，直译过来就是"行动的人"。

2 指发生于 1956 年的波兹南事件，是历史上第一次波兰人民对波兰人民共和国政府的大规模抗议事件。事件中，共有十多万工人罢工，最终遭到波兰政府武力镇压，造成千余人伤亡，影响深远。

3 加缪在这里暗示的是当时一些在他看来过于介入的、在任何问题上都要发表意见的知识分子。

4 莱昂诺尔·菲尼（Leonor Fini，1907—1996）：阿根廷画家，长期在巴黎生活，深度参与过超现实主义运动。除了绘画，还参与过大量戏剧的舞台布景设计工作，《修女安魂曲》的布景设计是她与加缪的唯一一次合作。

5 卡特琳·塞勒（Catherine Sellers，1926—2014）、米歇尔·奥克莱尔（Michel Auclair，1922—1988）、塔提亚娜·穆金娜（Tatiana Moukhine，1922 年至今）以及马克·卡索（Marc Cassot，1923—2016）均为《修女安魂曲》的演出人员。

与阿尔贝·加缪共度十分钟 [1]

我把福克纳视作我们这个时代最伟大的美国作家。正是出于这个理由，改编他的作品让我感到非常高兴，这部作品最初的形式虽然并不是一出戏，却是一部具有强烈戏剧张力的对话体小说。

（《修女安魂曲》将从 9 月 20 日起在马图兰剧院上演，正在指导彩排工作的阿尔贝·加缪补充道：）

我们正在经历一个悲剧的时代，而我们却没有悲剧作品。这出戏来得正是时候。

您为什么选择了这个题目？

其中提到的修女是一个妓女，她拥有自己的信仰，并在一场冲突围绕一名儿童的被害把剧中人物与他们各自的命运对立起来之际，带给世界一条消息。这些推动这出现

---

1 该访谈最初发表于 1956 年 9 月 6 日的《自由射手报》，采访者是勒内·戈尔东（René Gordon）。

代悲剧的人物都十分具体。阅读报纸上的社会新闻时便会发现他们。

故事情节发生于弗吉尼亚州的杰弗逊。七个人物推动着剧情发展。最开始是一对年轻的夫妻。男方优雅而不同寻常，由米歇尔·奥克莱尔塑造，女方略显轻浮，由卡特琳·谢勒饰演。至于"修女"，她将以塔提亚娜·穆吉娜的面目出现。马克·卡索，青年夫妻的叔叔，将是"带头"的律师，米歇尔·莫莱特扮演弗吉尼亚州长。弗朗索瓦·达鲁，年轻歹徒，雅克·格里佩尔，监狱守卫，典型的阴险小丑，这两位是这出以行刑前夜收尾的侦探剧中的轻松元素。

您还会亲自把剧本搬上舞台吗？

以后我会继续指导我未来作品的排练工作，因为舞台技术问题及现代悲剧问题是唯一让我感兴趣的东西。

（在关注《安魂曲》彩排的过程中，加缪没有直说，但可以猜到，福克纳的这位改编者希望让文本变得极度鲜活，希望赋予其中的每一个词语以饱满的戏剧性与哲思。必须用心观看，用心感受。）

"文本、噪音、身体是戏剧艺术的三个维度。这要求阐释者具有全面的才能，多重的素养。"（作为总结，加缪如是宣告。）

　　（这个简短的访谈给出了这样一个印象：一位作家在转向最广大的听众时做出的卓越努力。他在舞台上对他的演员们进行长达三小时的指导，不过这次访谈却不会透露，甚至完全不会透露哪怕一点点导演阿尔贝·加缪的想法。这不能靠说的，必须去看。）

阿尔贝·加缪："福克纳把古代的宿命带回了剧场。"[1]

　　（在米歇尔·奥克莱儿、马克·卡索、卡特琳·谢勒与塔提亚娜·穆吉娜愉悦的目光下，阿尔贝·加缪在一支麦克风前侃侃而谈。现在轮到他被他的戏剧演员们近距离观察了。

　　马图兰剧院的吧台既没有酒保也没有酒瓶，它变成了一间昏暗的小客厅，但加缪仅仅用笑容便把它照亮了。一个容光焕发、和蔼可亲、略带讥讽的加缪。在演出大厅一隅，人声嘈杂，噼啪声不断，这是有人在安装莱昂诺尔·菲尼设

1　该访谈最初发表于 1956 年 9 月 14 日的《被解放的巴黎人报》。采访者为雅克·尧贝儿（Jacques Jaubert）。

计的舞台布景。《修女安魂曲》，由《鼠疫》的作者改编自一部福克纳的小说，已经为其 9 月 20 日的首演做好了准备。

麦克风移开，轮到我们了：）

《安魂曲》的故事情节是什么？

我不该告诉你们，因为这里面掺杂着一些侦探小说的元素，就像任何悲剧作品一样。主人公都是《圣殿》[1]里出现过的人物。史蒂文斯，为了弥补自己奸淫坦普尔·德雷克的往事，把她娶了。但这位年轻女子曾经遭受的折磨使得她不允许自己与丈夫之间发生任何真正的亲密关系。"为了有个人说说话"，坦普尔找来了一个曾经做过妓女的黑人南希跟在她身边，并把两个孩子托付给她照顾。然而，在命运的推动下，南希杀死了其中一个男孩。为什么？动机非常复杂，而且关于这项罪行，坦普尔本人也并非置身事外。

您曾经说过，您被福克纳的悲剧意识吸引了？

是的。他的作品使古老的宿命发生作用。各色人物都

---

1 《圣殿》是福克纳出版于 1931 年的一部小说，其中的许多人物在《修女安魂曲》中再次出现，故事情节一脉相承，《修女安魂曲》可以视为《圣殿》的后传。

被"卡在"某种情境之中。那些在他们之前发生的，并不由他们承担责任的事情，影响着他们的行动。在福克纳笔下，冲突发生在当下的现实中，处于一种日常语境之内，因为这里涉及的是一对美国年轻夫妇的生活。对于小说家而言，这里面有一个语用方式的问题。我认为《修女安魂曲》的作者解决了这个问题。他那种喘不过气的文风，塞满了插曲和反复，正是激情之用语本身。我已尽力把这种节奏移译到戏剧之中。

美国人的青春气息，大西洋彼岸某些电影中流露出的暴力因素，在您看来是否正是它们把新大陆打造成了悲剧的聚集地呢？

我不认为。福克纳是美国文学中的特例。欧洲当然更加悲剧性，却没有找到"属于它"的剧作家。我在戏剧方面也有过创作，但我以为自己作为小说作者更为成功。

不过戏剧始终吸引着您。

我把戏剧视为最高级的文学体裁。首先这完全是个人看法，其次则基于这样一个事实：那些最善于描写人性的伟大作家笔下都充满了戏剧色彩。

请您就这出戏的标题再谈两句。

在《修女安魂曲》中，存在祈祷和休憩的概念。为什么是修女？因为坦普尔·德雷克与南希的世界，被限制在封闭的住宅和监狱之中，是一座被诅咒的修道院。不过，两位女性的苦难与挣扎赋予她们朝向世间真相的一次开启。

阿尔贝·加缪对我们说："福克纳是最伟大的当代作家。"[1]

（为了迎接今晚的戏剧季开演，阿尔贝·加缪为我们带来了由他改编并导演的威廉·福克纳《修女安魂曲》。

这个标题有可能令观众对这部疼痛而残酷的作品产生误解。作品内容围绕一个儿童的被杀案展开，涉及诸多人物角色对抗各自命运时发生的冲突。）

《安魂曲》不是一出戏，而是一部具有宏阔对话场景的小说，其中遍布一种我一心想要保留的充满历史感与诗意的独特语调以及一种心理学氛围……

---

1 该访谈最初发表于 1956 年 9 月 20 日的《文学新闻报》，采访者为克劳德·赛赞（Claude Cézan）。

您是怎么使用这些场景的？

我想把情节的渐进梳理得比小说更具舞台感。

您对其中的人物没有进行任何改写吗？

我只是对丈夫的角色进行了发挥，我觉得这个人物很美。

您是如何把福克纳的那些连串的文字转达给我们的？

他已经找到了现代悲剧的真正语用方式：你我使用起来相当简单，就其达到的悲剧水准而言又相当高贵。我希望自己已经用尽可能巧妙的方式把它表达出来了。

为了法国观众？

我必须在其中增添一点一致性。福克纳是一位具有幻视能力的人。在改编这出戏的过程中，我还是多少想起过笛卡尔的[1]！

1　勒内·笛卡尔（René Descartes，1596—1650）：法国哲学家，理性主义思想的代表人物。加缪的意思是，在改编福克纳戏剧的过程中，需要用理性重新梳理其中的情节，使其变得更加一致和连贯。

其中有一个人物，那个女仆，是个黑人……

确实如此。剧本并没有提出种族问题。福克纳是一位太过伟大的创造者，不可能不具有普遍性。在《安魂曲》中，尤其是在第七幕中，由苦难组成的信仰与古老的净化作用[1]重新聚首。

这就是您选择这出戏的原因吗？

当一部作品足够伟大，我们始终会渴望把它搬上舞台。在我看来，福克纳是最伟大的当代作家。不过这部作品的主题也确实回应了我个人对现代悲剧的思虑。

把这部对话性十足的小说搬上戏剧舞台不是应该更容易吗？

毫无疑问，而且小说中包含了许多舞台演出方面的指引。

---

[1] 净化作用（catharsis）是古希腊学者亚里士多德在《诗学》中提出的概念，即在戏剧演出过程中，观众通过观看时产生的怜悯与恐惧使情绪得到宣泄，进而达到灵魂的升华，这一过程被亚里士多德称为"净化"。

请告诉我您进行了哪些指导？

要知道，好导演就像优雅的气度，是看不见的。

这是皮埃尔·弗莱斯内[1]天天挂在嘴边的话。

我完全同意他的观点。我希望我的导演方式能够有助于让日常的真实性通向一种更伟大的、悲剧的真实性。

内道转弯？

绝对不要！如果导演工作成功了，那么相反这种轨迹应该始终完全不可察觉。

（我看到阿尔贝·加缪改变了动作，举手投足就像一个演员。他对于准确的细节以及戏剧的激情情有独钟。）

1　皮埃尔·弗莱斯内（Pierre Fresnay，1897—1975）：法国导演。

《巴黎戏剧》杂志访谈[1]

您在戏剧方面第一次心潮澎湃是因为什么事情？是由于一场演出、一次广播还是一次阅读？

我记不清了。肯定不是演出：当时在阿尔及尔还没有戏剧表演；也不是广播，我没有收音机。不过老鸽剧院的故事与科波的文章[2]引起了我对戏剧的向往与热情。遵循科波的精神，我在阿尔及尔组建了"团队剧团"，并且就地取材，重演了科波的部分剧目[3]。我始终认为，我们都受惠于科波的

1　该访谈最初发表于 1957 年 8 月第 125 期《巴黎戏剧》杂志。采访者为吉尔伯特·格兹（Gilbert Guez）。

2　老鸽棚剧院由著名戏剧人雅克·科波于 1913 年建立，专门进行实验性戏剧的演出，剧院中使用的布景极度精简，只使用少量道具和灯光以暗示环境和情调。科波的主旨是要使演出排除沉重的机械和繁复的布景，突出演员表演，使得戏剧舞台走向简朴而诗意的新境界，对后代戏剧人的影响极大，老鸽棚剧院也由此成为巴黎的戏剧圣地，科波更被加缪称为其"唯一之师"。

3　加缪在主持团队剧团工作期间，曾排演过夏尔·维尔德拉克的《不屈号邮轮》，该剧此前曾由雅克·科波导演在老鸽棚剧院上演，此外，团队剧团还演出过陀思妥耶夫斯基的《卡拉马佐夫兄弟》，加缪使用的剧本底本即科波改编的法语剧本。

法国戏剧改革，而这笔债是还不尽的。

  是否也同样出于这种情绪，您下定决心投身戏剧事业，
还是因为别的什么？

  我决定创建这个剧团，是因为阿尔及尔是一片戏剧的
撒哈拉沙漠。既然我无法看到自己喜欢的剧目，那么我就
决定自己去演。就这样我排演了马尔罗的《轻蔑的时代》，
本·琼生的《安静的女人》，高尔基的《底层》[1]，普希金的
《唐·璜》[2]，费尔南多·德·罗哈斯[3]的《塞莱斯蒂娜》，
埃斯库罗斯的《被缚的普罗米修斯》，纪德的《浪子回
头》，陀思妥耶夫斯基的《卡拉马佐夫兄弟》[4]。我翻译过
《奥赛罗》（因为我认为而且依然认为，莎士比亚的译者从
来没有依照演员的朗诵方式和行为举止去进行翻译），战
争爆发时我们还在排演。那是另一出滑稽剧了。然后团队

---

1 马克西姆·高尔基（Maxim Gorky，1868—1936）：俄国作家，《底层》是其创
   作于 1902 年的一部剧作。1936 年 11 月，《底层》由加缪领导的劳工剧团（团
   队剧团前身）搬上舞台。

2 亚历山大·谢尔盖耶维奇·普希金（Alexandre Sergueïevitch Pouchkine，1799—
   1837）：俄国作家，1830 年完成剧作《石雕客人》（即唐·璜的故事）。1937 年
   3 月，普希金的《唐·璜》由加缪领导的劳工剧团进行了演出。

3 费尔南多·德·罗哈斯（Fernando de Rojas，1470—1541）：西班牙中世纪作家，
   《塞莱斯蒂娜》是一部对话体长篇小说，1937 年 12 月由团队剧团搬上舞台。

4 马尔罗、本·琼生、埃斯库罗斯、纪德、陀思妥耶夫斯基的注解参见《关于
   〈卡利古拉〉的几次访谈》。

剧团就解散了。不过戏剧方面的志向却从中诞生。我们两位优秀的巴黎演员，让·内格罗尼与保罗·舍瓦利耶[1]，正是在团队剧团首次登台亮相的。

你们是怎么做起来的？事情是怎么发生的？

是友谊。几个大学生、工人还有体育运动的伙伴。最初的底子是阿尔及尔文化馆提供的，当时我正在负责其中的工作。接着，就是些寻常的花招了。从改编到服装到布景，我们一切都自己动手。用功三个月，排练两个月，只为两场演出：难以置信！

您表演过哪些剧目，哪些角色？最让您喜欢的是哪些，为什么？

《悭吝人》中的瓦莱尔，《安静的女人》中的德雷斯普利特，《底层》中的年轻小偷，《塞莱斯蒂娜》中的卡利克斯特，《浪子回头》中的浪子，等等，还有伊万·卡拉马佐夫。

---

1 让·内格罗尼（Jean Négroni）与保罗·舍瓦利耶（Paul Chevalier）均为法国著名戏剧演员。出生于阿尔及利亚。内格罗尼 1938 年首次在团队剧团上演的《浪子回头》中登台，舍瓦利耶也是团队剧团成员。

战争爆发时，我正在排练伊阿古[1]。在以上人物中我最喜欢的是伊万·卡拉马佐夫。也许我演得并不好，但我感觉自己完全理解了他。我在扮演他的时候直抒胸臆。这正是属于我的角色。我也很愿意扮演阿尔赛斯特[2]。啊！我还演过强盗。是的，这些都是一类角色。至于我最后一次"表演"，是临时救场演《修女安魂曲》中的州长。

是什么促使您进行戏剧创作的？您尤其愿意以剧作家的身份进行自我表达吗？

我进行戏剧创作是因为我上台表演而且亲自导演。后来，我明白了，正是由于重重困难，戏剧才是各种文学体裁中的最高代表。我什么也不想表达，仅仅是创造各种人物、情绪和悲剧。再后来，我对现代悲剧的问题进行了许多思考。《误会》《戒严》《正义者》，每次选择不同的道路，相异的风格，但都是为了接近这种现代悲剧而进行的一次次尝试。

您是怎么产生改编《轻蔑的时代》的想法的？当时您

1　伊阿古是莎士比亚剧作《奥赛罗》中的反派人物，是奥赛罗手下阴险的旗官，通过造谣挑拨和伪造信物促使奥赛罗掐死了妻子。

2　阿尔赛斯特是莫里哀剧作《愤世者》中的主角，愤世嫉俗。

想做什么？您认为您做到了些什么？

坦白说，最开始我想要直接做一出鼓动剧[1]。之后，我明白了，这条路是错的。总之，正是在如今大家想让我们停步之处，我起步了。不过《轻蔑的时代》是一次有意思的经历。而且，我喜欢这本书。

《卡利古拉》是在什么情况下诞生、写作并上演的？

当时我是为团队剧团写的《卡利古拉》，并且我要饰演卡利古拉这个角色。另外，这是一出属于舞台导演的戏，始终处于变动之中。计划被拖延了，接着战争开始了，直到1946年，雅克·艾贝尔托[2]才让这出戏得以上演。

您从一则社会新闻中提炼出《误会》[3]这出戏，是想表现

---

1 鼓动剧：即"宣传鼓动剧"，是苏联提出的一种以大众宣传为目标的戏剧样式。

2 雅克·艾贝尔托（Jacques Hébertot，1886—1970）：法国导演。艾贝尔托从1940年开始掌管巴黎艺术剧院，并将其改名为艾贝尔托剧院，网罗了一批优秀剧作家与其合作。1945年，《卡利古拉》在该剧院首演。

3 《误会》是加缪出版于1944年的一部剧本，故事来源是1935年1月6日《阿尔及尔回声报》中的一则社会新闻：一位客栈女老板帮助女儿偷钱杀死了一位旅客，而死者恰恰是老板的儿子。最终老板上吊身亡，女儿投井自尽。在《局外人》中，默尔索在牢房里同样读到了这则新闻。加缪认为这则社会新闻代表了人生的荒诞，故而据此创作了剧本《误会》。

出什么独具一格的特质吗？这出戏经历过怎样的历程呢？

我跟您说过，我想要创作一出现代悲剧。艾杭[1]在 1944 年 6 月演了这出戏，10 月又重演了一次，相比他的其他英勇行为，这算不上什么。从公众的角度看，他为这出戏确保了一个体面的演出历程，仅此而已，不过他曾经赋予这出戏以生命，十三年过后我也未曾忘记。

您曾经说过："戏剧将会是我的修道院。"您能否对这一观点加以展开，并谈一谈戏剧在您的精神与生命中占据着怎样的位置呢？

戏剧工作将您从世界上拐走。一种排他的激情把您与一切隔绝开来，这就是我所谓的"修道院"。这种激情与文学一起位居我生命的中心。现在我对此认识得更加清楚了。

一、您在阿尔及利亚执导过哪些剧本？二、在法国，《献身十字架》是第一次在昂热上演吗？

一、我已经和您说过了。二、在昂热，《献身》是由我

1　马塞尔·艾杭（Marcel Herrand，1897—1953）：巴黎马图兰剧院负责人。1944 年 6 月 24 日《误会》在该剧院首演，艾杭亲自出演了剧中的儿子。加缪一直与他维持着友谊，之后还一起进行过其他戏剧方面的合作。

和病榻上的艾杭共同执导的。《幽魂》则是由我全权负责的。不过必须要说，我总是密切参与我自己那些剧本的导演工作。除此之外，我已经导演了十多部戏剧了。

　　为什么在《献身》与《幽魂》之后是一段沉默期，您是等到《修女安魂曲》才重回剧场的吗？

　　我曾经担心了很长一段时间，觉得戏剧会妨碍我的写作。现在我对此再也不担心了。

　　改编《安魂曲》的想法是怎么出现在您脑海中的？

　　有人向我推荐。我接受了。

　　是谁决定为昂热戏剧节选择《奥尔梅多骑士》[1]的？您是如何做到同时兼顾导演工作的？

　　昂热的节目单是我定的。我喜欢《奥尔梅多骑士》，而且我很想让伟大的西班牙戏剧为人所知，法国公众对它所知

1　《奥尔梅多骑士》是西班牙剧作家洛佩·德·维加（Lope de Vega，1562—1635）写作于 1620 年前后的一出戏剧，1957 年经加缪改编后在昂热戏剧节上首演。

甚少，因为没怎么翻译过来或译得差。至于我个人的职责，在我改编《安魂曲》的时候，我就已经决定，我要回到导演的岗位上来。只要以后有人提出让我导演，我就会继续做下去。不过我更希望拥有一个属于我自己的剧场。关于戏剧到底是什么，关于演员的演技应该是怎样的，我都有非常确切的想法。我希望让我的这些构思能够成为现实。

今天您如何看待《卡利古拉》？在导演的过程中[1]，您做过改动吗？在您看来它有变化吗？

在《卡利古拉》中，有些东西我喜欢，有些东西我不喜欢。我为昂热的演出进行了一些改动，不过始终是根据我拥有的舞台和演员来调整的。

在您的剧作中，您把《正义者》放在什么位置？同样，《戒严》呢？您同意把它们重新搬上舞台吗？您会对它们进行修改吗？

我很愿意重演《正义者》，它在今天更具有现实意义[2]。

1　加缪 1957 年在昂热戏剧节上亲自导演了《卡利古拉》。

2　《正义者》谈到了恐怖主义与限度的问题，其中的核心情节之一，是在刺杀沙俄大公时，因为看到车上有无辜的孩子，刺杀者决定中止行动。

我也希望看到《戒严》在露天演出。我不会对《正义者》进行任何修改，除了在每个新的演出周期都要改一改的东西。《戒严》倒是在好几处地方可以改进。

作为剧作家，您正在创作什么剧本吗？

最近，我的兴趣是改编陀思妥耶夫斯基的《群魔》。

您想把哪些作家搬上舞台？

莎士比亚，埃斯库罗斯，陀思妥耶夫斯基，西班牙的大师们，莫里哀和高乃依。拉辛[1]，晚一点。现代作家，但凡有可能的话。

您愿意雇用哪些演员和布景师？

那些和我一同工作过的人，还有那些我希望能和我一起工作的人。

1　让·拉辛（Jean Racine，1639—1699）与皮埃尔·高乃依（Pierre Corneille，1606—1684）号称法国古典悲剧的双峰。

您能否指出一些您戏剧生涯中的连接点？

战时和战后，当时新闻工作导致我在几年间远离了戏剧行业。不过我回来了，而且我感觉自己从未离开过，因为，在此期间，我对舞台方面的问题也进行过反复思考。

在这一领域，在您看来您的优势和劣势都有哪些？

我认为，我知道如何向演员们解释我对他们的期待，因为我知道对他们而言都存在什么问题，尤其是神态与动作方面的问题，也就是我所谓"入戏"方面的问题。而且，我可以为了演出而修改文本或者根据文本调整演出。总而言之，同时身兼作者、演员和导演三职，这是优势。我真正的劣势，就是面对一些演员，我气馁得太快了。我对于面料、灯光等方面的问题也没有进行过足够的研究。不过我在努力学习。

您最大的满足感归功于什么？

归功于演员。演员是最重要的，是一场演出的必需，是灵魂附体。看着一位演员进入他的角色，栖身其中，听到他说着与我们在寂静与孤独中听见的同一种嗓音，这就是我们在这一职业中可以遇到的最大乐趣。这样的乐趣我已经得到很多次了，对于那些赋予我这一乐趣的男男女女，我始终对他们怀有真切的感激。

在剧场里，您喜欢在什么样的气氛中工作？

友谊，以及对于我们创造的戏剧彻底献身。排练一台演出，就是许多人在几个月内一起结婚。之后，可以离异。但在这中间，不存在通奸。

感觉、本能及才智，哪一点在戏剧中占优呢？

三者兼顾，任何一种都不应该主导。一段崇高之事被多具肉身讲述，这就是戏剧。这就要求所有的能力都要结合并集中起来，甚至极致的张力。

您有些什么计划？是什么让你迟迟不说？

拥有一家舞台便利的剧场。在其中证明，今日之戏剧既不是室内剧也不是宣传剧。证明它同样不是说教或政治赞助的舞台。证明它不是一个仇恨学堂，而是聚会之所。我们的时代自有其伟大之处，它也可以成为我们戏剧的伟大之处。只要我们把那些所有人都能从中找到自己的伟大行动搬上舞台，只要让慷慨与绝望在其中搏斗，只要如同一切真正的悲剧里那样，让那些同样有理又同样不幸的力量相互对抗，只要让我们时代那颗满怀希望又痛苦欲裂的真心最终在我们的舞台上跳动。不过，这就意味着某种演员风格，他们摆脱了由电影导致并因屈服于集体活动（也就是一个学派和一个剧团）而产生的虚假性格，意味着一些作家，一块考究的布景，一个人们可以张开双臂、挥斥方遒的舞台，能够在上面展现身体及其美感，能够重新找回"合比例的过度"，在我看来，这一点恰恰描绘了戏剧性情感与戏剧性态度的真相。如果我能找到一家剧院，我相信我会努力至少把这条道路的四周清扫干净。

我们这代人的赌注 [1]

"为艺术而艺术"的概念无疑与您操心的诸多问题无关。"介入"的概念，可以说最近这段时间这个词非常"时髦"，但也同样不是您操心的问题。以时下的意义来理解介入，关键就在于用艺术为政治服务。在我看来，某种更加重要的东西才是您作品的真正本质，让我们可以呼唤这部作品融入其时代。这个说法是否确切？在这种情况下，如何定义这种融入呢？

融入时代，可以采用这种说法。不过说到底它定义了一切文学领域的艺术。每一位作家都在努力为其时代的激情赋形。昨天，是爱。今天，对统一性与自由的巨大激情撕裂着世界。昨天，爱曾以个体的死亡为代价。今天，集体的激情

1　该访谈最初发表于 1957 年 10 月第 98 期《明天》杂志，采访者是让·布洛赫-米歇尔（Jean Bloch-Michel）。

则令我们承受着世界毁灭的危险。今天和昨天一样，艺术都试图从死神那里夺取一幅关于我们的激情与苦难的生动画面。

也许这就是今天最难做到的一件事。人们可以时不时陷入恋情。但说到底，一次足矣。不过我们却不能闲来无事就去做政治积极分子。因此，本世纪的艺术家如果依然待在他的象牙塔里，就会有脱离实际的危险，而如果他永远围着政治的斗兽场飞奔，就会变得贫乏。然而，恰恰在二者之间，开启了名副其实的艺术所要遵循的那条艰难道路。在我看来，作家不应该忽视其时代的任何惨剧，并且在每一次心知肚明或者力所能及之时做出表态。不过，他也同样必须保持，或者说时不时重新把握与我们时代的某种距离。每一部作品都意味着某种现实内容，以及一位制作其容器的创造者。因为，如果说艺术家必须分担其时代的苦难，他也同样必须从中挣脱出来，以便思考苦难并为其赋形。这种无休止的来回往复，这种说实话正在变得愈发危险的张力，就是今日之艺术家的任务。也许这就意味着，在不久的将来再也没有什么艺术家了。不过也许并非如此。这是一个时间、力量、自控和运气的问题。

总之，这些就是事情应该有的样子。还剩下现实中实际存在的事情，还剩下当下那些并不那么美好的真相。这一真相——既然我起码感受到了它——就是，艺术家如今正在黑夜中摸索前行，迈着与行人同样的步伐，无法与世界的苦难分离，热切地渴望孤独与安静，向往正义，梦见非正义本身的根源，在身后拖拽着一辆比他本人更加庞大的战车，以为自己可以把它开动。在这令人筋疲力尽的冒险中，艺术家只能求助于他人，而且就像别人一样，求助于快乐、遗忘、友谊与赞赏，像别人一样，求助于希望。对我而言，我始终在词语中，在丰饶的思想中汲取我的希望。和许多今人一样，我厌倦了批评，厌倦了诋毁，厌倦了恶意，一言以蔽之，厌倦了虚无主义。必须去谴责所谓"理应如此"，要既迅速又坚决。应该与之相反去长久地颂扬那种依然值得做到的事情。总之，正是出于这一点，我是一个艺术家，因为即便一部给出否定的作品，也在肯定某些东西，并且在向我们悲惨而壮丽的生活致敬。

当有人像您一样说话时，他并不仅仅是在为自己开口，也必然在为他人发声，为了某件事情发声。换言之，有些价值对于一些人很重要，他恰恰是在以这些人的名义帮助他们发声。这些人是谁，这些价值是什么？

首先，我每天都感觉到人类的团结。明日，世界可能会炸成碎片。在这种悬挂于我们头顶的危险面前，存在某种关于真理的教益。面对这种未来，品级、头衔、名誉，全都重新恢复了本相：一阵逝去的云烟。留在我们心里唯一的确信，就是确信那种所有人共通的、毫无遮掩的疼痛与某种顽固的希望彼此盘根错节。

在本世纪的斗争中，我总会感觉到那些固执者之间的团结，尤其是那些未能对某种尊严灰心绝望的人之间的团结。我曾经分担过并且依然大量分担着当代的谵妄。但我却从未能够像许多人那样，决定唾弃"尊严"一词。也许这是因为过去和现在我都清楚地意识到自己作为人的弱点和不公正之处，因为我在过去和现在都发自本能地知道，尊严与怜悯一样，这种不理智的德行刚刚接替了正义以及已然变得无力的理性。一个人，他把他的血液、他的疯狂、他微不足道的心灵都献给最多数人共有的弱点，他为了最终认识自己并认识别人，必须借助某些事物。这就是为什么我厌恶那种满足于自身的德行，我厌恶世界上可憎的道德，我厌恶它是因为，它完全和彻底的恬不知耻一样，最终通向对人的绝望，阻止他们用自身过错与功业的重量去承担起他们自己的人生。

艺术的目标，人生的目标，只可能是去增加存在于世界以及每个人身上的自由和责任之总量。在任何情况下，这种目标都不可以哪怕暂时性地缩减或废除这种自由。有一些作品试图让人屈服并皈依于某种外在的准则。另有一些作品则想要让他被心里最恶劣的东西，被恐惧与仇恨奴役。这些作品在我看来毫无价值。没有任何伟大的作品曾建立于仇恨或轻蔑之上。相反，任何一件真正的艺术品最终都增加了每一位了解并喜爱它的人内心的自由。是的，我为这种自由发声，正是它帮助我活下去。一位艺术家可以让他的作品成功或失败，可以让他的人生成功或失败。不过，如果他在长久努力之后，最终可以对自己说，他减轻或缩小了压迫在人类身上的奴役之总量，那么，他在某种程度上已经得到了辩护，他也可以在某种程度上原谅他自己。

在任何作品的源头，都存在某种经验。可能涉及某种突兀而短促的经验，涉及某种冲击。也可能涉及某种长期的，通常是童年和少年期的经验。对您来说，最开始就有了地中海与贫困。成年后，其他各种经验纷至沓来，使最初的印象发生转向或给它增光添彩。对您来说，就是战争和抵抗。最近这几年难道不同样也是某种全新经验的源泉吗？它们给您带来了什么，在何种程度上？

是的，曾经有过阳光和贫困。还有运动，在体育运动中我学习了自己唯一和真正的道德课程。随后就是战争和抵抗。关于这方面，还应该加上仇恨的诱惑。看人杀死那些我们所爱之人，这不是某种对宽容的磨炼。必须战胜这种诱惑。我做到了。这是一种重要的经验。

解放之后的那几年，对我而言大部分时间都标志着一种孤独的斗争经验。当然，我也有朋友，善良、慷慨、忠诚的朋友，今天一想到他们，依然温暖着我的心灵。不过我必须做出的决定，以及对我而言最重要的决定——例如写作《反抗者》的决定——都是孤独而艰难的决定。之后也同样如此。而与此同时，历史在运动。东德，波兹南，布达佩斯[1]……一个硕大无朋的神话崩塌了。某种被长期遮掩的真相暴露在了所有人的目光之中。如果说当下依然血腥，未来依旧晦暗，至少我们知道，意识形态的纪元已经结束了，知道抵抗之效力与自由之价值一样，重新给予我们活下去的理由。

就这样。当然，还应该加上一些完全私人的经验。

我们刚才谈到了把作品融入时代的问题。不过它也属于某种几乎可以说是地理意义上的思想潮流。在我看来，从您的作品中，就像从一些当代作家的作品中——我尤其想到西洛内[2]和奥尔特加·伊·加塞特[3]——可以说存在某种属于

1 1953 年 6 月 17 日，民主德国发生了人民示威活动，遭到镇压。1956 年 6 月 28 日，波兰波兹南发生罢工事件，遭到镇压。1956 年 10 月 23 日，匈牙利布达佩斯发生学生抗议事件，最终引发武装起义，遭到苏联军队镇压。

2 伊尼亚齐奥·西洛内（Ignazio Silone，1900—1978）：意大利反法西斯作家。加缪在 1939 年时便为其小说《面包与酒》写过书评，将其称为 "一部介入当下诸多问题的作品" "一部伟大的革命性作品"。

3 奥尔特加·伊·加塞特（Ortega y Gasset，1883—1955）：西班牙思想家，加缪对他评价极高。

欧洲的特质。您对此有所意识吗？这个精神的欧洲在您看来是否如同某种现实呢？

是的，我意识到了这个欧洲，并且我相信它预示了我们政治的未来。因为我更感觉自己是法国人，所以我愈发相信这个欧洲。没有任何人对它的阿尔及利亚行省比我更加依恋，不过置身于法兰西传统之中并没有让我感到任何困难。因此，我学到了，对于故土的热爱无须消散便可扩大，就像人们学会如何呼吸一般自然。最后，正因为我热爱我的祖国，我感到自己是欧洲人。看看奥尔特加·伊·加塞特的例子，您提到他很有道理。他也许是尼采之后欧洲最伟大的作家，不过，他继续做西班牙人却有些困难。西洛内在向整个欧洲说话，而我之所以感觉自己如此喜爱他，恰恰是因为他与此同时不可思议地根植于其民族传统甚至乡土传统之中。

统一性与多样性，二者缺一不可，这难道不正是我们欧洲的组成形式吗？它靠着它那些矛盾而生存下来，因为它那些差异而充实起来，通过它所实现的不断超越，它创造了一种文明，整个世界都需要这种文明，即便在世界对其拒斥之时。这就是为什么我不相信一个在意识形态或特定宗教重压下统一起来的欧洲，它们忘却了欧洲的差异。同样，我也不相信一个单纯听任这些差异摆布，也就是听任各种敌对民族主义形成的乱局摆布的欧洲。

如果欧洲没有被烈火毁灭，它将会得到完善。俄国也会加入进来，带来它自身的特殊性。将来不会是赫鲁晓夫让我忘记那种把我们与托尔斯泰、陀思妥耶夫斯基以及他们的人民联系在一起的纽带。不过，这种未来受到了战争的威胁。我们再次身处赌局之中。只不过，这是一场少有的值得跟注的赌局。

您是一位阿尔及利亚法国[1]作家。这也是您在接受诺贝尔奖的时候坚持强调的内容。不过，当您感到您是阿尔及利亚法国人时，很显然，您并没有通过与那些其他族裔的阿尔及利亚人进行对比去自我定义。阿尔贝·加缪，阿尔及利亚法国人，它想要表达的难道不是您与所有阿尔及利亚人团结在一起吗？这一点如何实现，这个阿尔及利亚如何成为让您同样拥有归属感的精神欧洲的一部分呢？

我在阿尔及利亚的角色过去从来都不是，将来也永远不会是制造分歧，而是以我的方式去促进和解。对于如今正在我故土的灾难中受苦的法国人或其他族裔，我感到自己与双方都休戚相关。但是我无法依靠我一个人去重塑那么多人热衷于毁灭的东西。我尽力而为。等到时机再次出现，能够

1　原文为"écrivain français d'Algérie"，该说法的意义较为微妙，可以理解为"属于阿尔及利亚的法国作家""来自阿尔及利亚的法国作家"等。

去重建一个摆脱了一切仇恨与种族主义的阿尔及利亚之时，我将重新开始。不过，为了留在那片我们存身的土地上，我只想提醒一句，仅仅通过宽容的交流与真正的团结，我们就已经建立了一个由法国人与阿拉伯人组成的阿尔及利亚作家共同体。这个共同体暂时被分成了两半。但是诸如费劳恩[1]、马麦里[2]、什赖比[3]、迪卜[4]以及许多其他人，已经在欧洲作家之中落座。无论未来如何，无论它在我看来多么令人绝望，我确信这件事将来不可能被忘记。

当您谈论法国思想时，您曾多次讲出"复兴"一词。您不仅期望复兴，而且有时似乎已然从中领会到了一些最初的许诺。这种复兴可能会具有怎样的形式呢？征兆是什么？

在各个级别上发生的代际变化是最初的征兆。新世代的

1　穆卢德·费劳恩（Mouloud Feraoun，1913—1962）：阿尔及利亚柏柏尔裔作家，使用法语写作。阿尔及利亚独立运动的支持者。尽管在政治上与加缪存在分歧，但二人一直维持着友谊。

2　穆卢德·马麦里（Mouloud Mammeri，1917—1989）：阿尔及利亚柏柏尔裔作家，使用法语写作。

3　德里斯·什赖比（Driss Chraïbi，1926—2007）：摩洛哥马格里布作家，用法语写作。

4　穆罕默德·迪卜（Mohammed Dib，1920—2003）：阿尔及利亚阿拉伯裔作家，使用法语写作，被认为是阿尔及利亚文学之父。20世纪50年代初与加缪结识。由于支持阿尔及利亚独立运动而遭到政府当局驱逐，最终在加缪的帮助下在法国定居。迪卜去世时被法国文化部长称为"阿尔及利亚与法国之间的精神桥梁"。

素质是另一个征兆，同时，还有对命令、对意识形态不断增长的抗拒，回归那些少一些浮夸傲慢、多一些肉体温度的价值。

欧洲（以及法国）尚未从一百五十年的虚无主义中脱身出来。这种虚无主义曾经由一些骗局奠定。不过自从对这些骗局的拒斥逐渐发展起来，就有了希望，问题就在于去搞清楚我们能否比核导弹走得更快。不幸的是，精神的成熟往往比洲际导弹缓慢。但是无论如何，既然核战剥夺了一切未来的意义，它也就让我们恢复了行动的自由。我们没有任何可以失去的，否则就是全部。那么，前进吧！这就是我们这代人的赌注。如果我们必然失败，无论如何也要置身于那些想要活下去的人身侧，而不是站在那些毁灭一切的人旁边。

在您的所有作品中，哲学的悲观主义仍然与某种东西并存着，不是乐观主义，而是某种信心。对精神的信心，而非对人的信心，对自然的信心，而非对世界的信心，对行动的信心，而非对结果的信心。您认为这种态度——这也是反抗者的态度，反抗之价值弥补了世界之荒诞——可以成为大多数人的态度吗，或者它只能是留给某些智者的特权呢？

这种立场真的那么特别吗？今日之人，遭受威胁，固执己见，难道他们不也这么生活吗？人们无法呼吸，但幸存下来。人们以为死于悲痛，但生命获胜。本世纪人们的面孔，那些我们在路上交错而过的面孔，是一张知情的面孔。在某些人的脸上，闪耀着更加强烈的勇气之光，如此而已。另外，我们别无选择。只有它或者虚无主义。如果我们的社会必须冲进极权者或资本家的虚无主义，那么那些不愿让步的人将被疏远，而他们不得不接受。但是，站在他们的位置上，根据他们的才能，他们必须去做他们应该做的，为了让生活对大家来说重新变得有可能与所有人共存。

就我个人而言，我从来都不希望自己被疏远。对于今日之人而言，存在某种孤独，它毫无疑问是时代带给我们的最为严酷之物。我感觉到它的重量，请您相信这一点。不过，我无意改变时代，因为我同样了解并且尊重它的伟大。还有，我始终认为，最大的危险与最大的希望会同时产生。

今天我们无法避免谈及某些主题。最严重的则是一个向所有人提出的问题：在如今令世界分裂的各种斗争中，是否真的必须同意忘掉某一方身上的所有恶习，只为去与另一方身上最恶劣的东西作战呢？

理查德·希拉里[1] 在作战身亡之前，曾经找到了一个表

1　理查德·希拉里（Richard Hilary，1919—1943）：二战期间英国皇家空军飞行员，1943 年在英伦空战中阵亡。著有自传《最后的敌人》，记录了他的战斗经历。

述，总结并传达了这种两难："我们以某种二分之一真理的名义与谎言作战。"他认为这表达了某种非常悲观的思想。然而，有时甚至会发生我们以某种四分之一真理的名义与谎言作战的情况。这正是我们当下的处境。只不过，西方社会拥有的四分之一真理，它叫作"自由"。自由是一条通向可完善性的道路，唯一的道路。没有自由，人们可以改进重工业，却不能改善正义或真理。刚刚发生的历史，从柏林到布达佩斯，应该足以说服我们。无论如何，我做出选择的理由恰恰就在这里。我曾经说过，任何声称可以医治极权主义的疾病都比极权主义本身更加可恶。我没有改变过看法。相反，经历了二十年我们沉重的历史，我曾经尽力不去抗拒它的任何经验，在此之后，自由，无论对于社会还是个体，工作还是文化，它终于在我看来成了最高之善，统率着其他善行。

斯德哥尔摩媒体见面会实录 [1]

(我相信我们都有兴趣立刻开始，也无须再向各位介绍加缪先生。大作家的特权，就是每个人都可以打造一个关于他的形象。今天早晨，我们仅仅给各位提供一个机会，把你们想象中的加缪形象和这位此刻出现在你们面前的加缪先生进行对比，并且欢迎你们积极提问……从现在开始进入提问时间。)

如果你们允许，我想站着说话，如果这样没有打扰各位的话。因为我不喜欢坐着。好了，我洗耳恭听。

加缪先生，关于我们这个时代作家的介入问题，您能

1　1957 年 10 月 16 日，加缪获得当年的诺贝尔文学奖。1957 年 12 月 9 日，加缪携夫人抵达斯德哥尔摩，本次媒体见面会即发生于 9 日上午。次日，加缪在颁奖仪式之后，于斯德哥尔摩市政厅发表了他的获奖感言。在这次媒体见面会中，因为提问人较多，且现场较为嘈杂，有时候一些提问者的问题与加缪之前的回答有所重复。另外，由于提问者母语不是法语，问题中的某些法语表述极不规范，因此在翻译中根据情况进行了一些调整。

否为我们解释一下您的观点?

先生,我将在乌普萨尔做一个讲座,正是关于这个主题[1]。现在我在这里概述一番毫无必要。那么,我就把它概括成一句话吧,因为如今我们能够做的,而且经常做的,就是说一些简短的东西,而它之后还可以继续得到发挥。我给你们来一句这次讲座中的话吧:"我不认为作家的介入类似于某种心甘情愿的介入,而更像服义务兵役!"[2]

先生,您马上就要和瑞典学院[3]的院士们见面了。您对瑞典文学是否有一定的了解?除了"斯特林堡"[4],您是否曾经有机会读到埃温特·詹森[5]与恩斯特·曼克[6]的译本呢?

1　1957 年 12 月 14 日,加缪在瑞典乌普萨尔大学礼堂进行了题为"艺术家与他的时代"的演讲,集中讨论了艺术家如何介入时代的问题。

2　在乌普萨尔大学的演讲中,加缪对这句话进行了详细展开:"自从弃权本身也被视作一种选择以来,选择惩罚还是褒奖,艺术家无论愿不愿意,都已经被卷入了。卷入在我看来比介入更加准确。事实上对于艺术家来说关涉的并非心甘情愿的介入,而更多是服义务兵役。今天的每一位艺术家都已经被卷入了时代的苦役船上。"

3　瑞典学院是瑞典皇家学院之一,1786 年由瑞典国王古斯塔夫三世创立,共设十八名终身院士。诺贝尔文学奖每年均由瑞典学院评选颁发。

4　奥古斯特·斯特林堡(August Strindberg, 1849—1912):瑞典作家,现代戏剧的创始人之一。曾经在法国巴黎生活过一段时间,因此为法国读者所熟知。

5　埃温特·詹森(Eyvind Johnson, 1900—1976):瑞典作家,1974 年诺贝尔文学奖得主。青年时代长期在巴黎生活。1924 年开始就有作品在法国以法语出版。伽利玛出版社 1950 年曾出版其《幸福的尤利西斯》一书的法语译本。

6　恩斯特·曼克(Ernst Manker, 1893—1972):瑞典人类学家。伽利玛出版社 1954 年曾出版过其《瑞典山区的拉普人》一书的法语译本。

我就职于一家发行过埃温特·詹森（请原谅也许我发音不准）的出版社[1]，还出版过斯蒂格·达格曼[2]，不幸的是他最近去世了。不过最重要的是，既然您向我询问我纯属个人的意见，我必须说，有一位贵国作家，他的作品和经历都让我觉得相当亲近，我想说的就是拉格维斯特[3]。

先生，您是否了解拉格维斯特的作品？

我相信我刚刚提到了，对吧？在法国，我们至少翻译了他的三部代表作：《侏儒》，我自然只能用法语来念了，《侏儒》《刽子手》和《巴拉巴》。最近这段时间还有另一本书马上要发行了，正在我们的一份叫作《巴黎杂志》的刊物上连载[4]。我还读过几首他的诗，不过我坚持认为诗歌无法翻译，所以我对他的诗没有任何见解。

加缪先生，瑞典的广播电台，以及几篇于瑞典发表的

1　即伽利玛出版社。

2　斯蒂格·达格曼（Stig Dagerman，1923—1954）：瑞典作家。伽利玛出版社1956 年曾出版过其《烧焦的孩子》一书的法语译本。

3　佩尔·拉格维斯特（Pär Lagerkvist，1891—1974）：瑞典作家，1951 年诺贝尔文学奖得主。作品从 20 世纪 40 年代开始就不断被译成法语出版。

4　指拉格维斯特的小说《女预言者》，1957 年法译本率先刊登于《巴黎杂志》，同年在法国出版。

文章，都对您的短篇小说《约拿》进行了阐释，阐释了您在"团结"与"孤独"这两个对立词语之间的立场[1]。在您的思想中，二者难道不密切地联系在一起吗，作家的孤独不正是他与世界上的其他人保持团结的条件吗？如果这是真的，在何种意义上？还有，通过与其身边活人的情感接触——在约拿的案例中，就是他的家人或者他真正的亲人——这是否也同时涉及，或者主要（次要）涉及，个体内在的精神深化呢？

我认为您的概括比我能做到的好得多。因为，确实对我来说，不仅这两个词语不是对立的——我想说的是，对于作家的使命而言——而且它们在我看来尤其显得互补，二者缺一不可。例如，我不认为艺术家可以脱离他的时代，不过我认为必须给予他那个他作为一个人试图给予自己的本来面目。总之，就像我们不能说究竟是路磨鞋还是鞋磨路一样，同样，根本不可能说清楚究竟是生活的时代以及同代人造就了作家，还是作家造就了他的同代人。这里面有一种相互作用，人们徒劳地试图否认，却又完全不可能从中脱身。不过，我必须坦白，有时候我会想要孤独，当然，这从来没有发生过，因为最后，我总是情不自禁地感受到团结，因为有许多事情要求我团结。

---

1 《约拿或工作中的艺术家》是《流亡与王国》中的一篇短篇小说。小说结尾处写道："在另一间房里，拉多注视着彻底空白的画布，画布中间约拿仅仅用极小的字体写下了一个几乎难以辨认的词语，不知道究竟应该念成孤独还是团结。"

您为什么离开了《战斗报》？

女士，我离开《战斗报》，是因为在报社建立三年之后，这份报纸需要资本，而在全世界范围内的新闻史上，资本从来都是和奴役狼狈为奸的。我拒绝奴役，也拒绝资本，于是我退出了新闻界。

先生，我相信，在您最近的计划中，您正在钻研陀思妥耶夫斯基的一出戏。

的确如此。确切地说，直到 10 月 17 日为止，我一直在钻研如何改编陀思妥耶夫斯基的《群魔》。这部作品在法国被翻译时拥有过两个书名，《群魔》（*Les Possédés*）和《群鬼》（*Les démons*）[1]。这两个书名甚至各有热情拥趸，这些拥趸还展开了一场论战，已经持续了二十多年了。就我个人而言，我并没有进行选择[2]。主要是这部书本身让我感兴趣，

1　加缪使用的书名是 *Les Possédés* 而不是 *Les démons*。*Les possédés* 在法语中的意思是"着魔者"，但出于中文惯例，在本书中涉及这部小说和戏剧改编的地方统称为《群魔》。上文加缪提到自己正在改编陀思妥耶夫斯基的这部作品，原文使用的也是 *Les Possédés*，在此请读者不要和下文的《群鬼》混淆。

2　加缪使用的改编底本是 1955 年伽利玛出版社出版的"七星文库"版《陀思妥耶夫斯基作品集》法译本，该译本使用的题目是 *Les démons*。不过，在 1942 年出版的《西西弗斯神话》中，加缪谈论《群魔》中的人物基里洛夫时，就已经在使用 *Les Possédés* 这个书名。由此可见，*Les Possédés* 是加缪年轻时阅读的法译本使用的标题，应该对他产生了先入为主的效果，并且被他一直沿用了下来。

我准备把它改编成戏剧，理论上大约时长四个小时，包括三十多名演员和十多个布景。

您想要亲自将它搬上舞台吗？

我想要将它亲自搬上舞台。我甚至要说，这是我最近这段时间的生活中让我发疯般沉迷的几件事情之一。

这部戏剧改编已经存在了吗？

我和您说了，表演包括四小时的演出和三十名演员，您一定猜得到剧院的经理们是不会热衷于这样一件事的！不过我想我们一定能从中找到一两位特别勇敢的！

陀思妥耶夫斯基的哪部小说？

《群魔》。

《群魔》……啊！大概在一两年以前，甚至也许更晚近一些，您曾在《快报》上大致做出过这样的申明：您对阿尔及利亚的穆斯林与法国人之间平等、和平共存的可能性深信不疑，却一切成空，您就个人而言，您看不到某种让您满意的实际解决办法。那么今天您依然会做出这样的申明吗？

我想在两个意义上做出申明。我想说的是，我不但依然相信法国人与穆斯林的社会共同体有可能实现，而且这在阿尔及利亚必不可少！我还要为我申明的第二部分补充一个折中意见：我隐约看见了某种解决办法。我既不是法国政府，也不是民族解放阵线[1]的领导班子，我不能说自己有办法迫使他们做什么，不过既然您谈到了阿尔及利亚问题，我想再次向您澄清这一点：我在这里并不代表我国政府，我仅仅作为法国人和阿尔及利亚法国人拥有某种个人看法。但是，虽然说我不代表我国政府，我却由于时局关系而非我的职业，有意在此代表我的故土。因此，我想指控的并非我国政府的政策。在关涉阿尔及利亚的问题上，我只想补充一点，我认为，一个有可能存在的社会共同体，无论具有怎样的形式，都要比任何隔绝好上太多，而这一共同体在我看来只能建立于联邦制这一解决办法之上。我还要补充一句，不是地域联邦制——您可以想想瑞士[2]——这种联邦制由于各

1　民族解放阵线是阿尔及利亚的民族独立解放组织，于1954年成立，领导了阿尔及利亚的独立运动。在1962年阿尔及利亚独立之后，成为该国执政党。

2　瑞士由于历史形成原因，国土中自然分成了西部的法语区、中北部的德语区、东部的意语区和南部的罗曼什语区，但在阿尔及利亚，由于白人与穆斯林长期混居，这种明显的土地区域分界并不存在。

民族混杂而完全行不通，而只能涉及一种人员联邦制。我的意思是，每一个社群，无论它是阿拉伯人、法国人还是柏柏尔人的社群，都可以在平等公正的基础上在议会中拥有属于它的代表，尽管这个议会目前依然有待定义。这就是我的解决办法！

先生，您曾经由于让·格勒尼耶[1]而熟悉阿尔及尔大学，您和这所学校现在还有联系吗？

我最开始和让·格勒尼耶有联系，他曾经是我的老师，之后成了我最好的朋友，我已经认识他十七年……迅速计算了一下，他成为我最好的朋友已经有二十七年了。我和我所有的老师都有联系，因为我相信，知识分子的骄傲之一，就是能够把他欠他老师的统统还上，并且依然对他们忠心耿耿。

在阿尔及利亚的年轻作家中，您有什么朋友吗？

所有阿尔及利亚年轻作家都是我的朋友。是在这样的意义上：对于其中一些人，我可以帮助他们实现他们的某些

---

1 让·格勒尼耶（Jean Grenier，1898—1971）：加缪的高中哲学老师，将他引向作家之路的重要启蒙者。1933 年，加缪在格勒尼耶的支持下考入阿尔及尔大学，并于 1936 年获得了哲学学士学位。

出版计划；对于另一些人，一般来说，他们都分担着一些对他们以及对我而言同样痛苦的问题。当我说"阿尔及利亚作家"，我想说这里面对阿拉伯作家和法国作家是一视同仁的！另外我还必须说一句，虽然我在这里更愿意谈谈文学方面的东西，但既然我们提到了阿尔及利亚问题，我必须说，关于我谈到的那种共同体，同样存在一个相当了不起的实例。这个实例，我曾有幸得以直接参与其中：它就是阿尔及利亚法语作家共同体，其中不仅包括一些你们可能知道名字的作家——在法国人一边有罗布莱斯[1]和于勒·罗伊[2]，在阿拉伯人或柏柏尔人一边则有费劳恩、迪卜或马麦里，而且，甚至就在此时此刻，当这些作家痛苦地体验到他们故土中盛行的分裂与对峙时，他们联合了起来，被这种友谊与团结之情（它们是当下难得的慰藉）联合了起来！

我想请问您，您是否想在戏剧中找到某种与您当下的思想变化联系得愈发紧密的表达方式呢？

是的。您知道，我通常谈戏剧谈得不太到位，因为人

1 艾玛纽埃尔·罗布莱斯（Emmanuel Roblès，1914—1995）：出生于阿尔及利亚的法国作家。青年时代便与加缪结识，成为一生的好友。

2 于勒·罗伊（Jules Roy，1907—2000）：出生于阿尔及利亚的法国作家。加缪之友，在 20 世纪 50 年代与加缪、罗布莱斯来往密切。

们谈起他们最重要的爱好往往都谈不到位。我曾经对戏剧产生过全方位的狂热。我的意思是，不仅作为剧作家，而且作为舞台导演和演员。如果我放弃过戏剧，那是因为我担心剧场里的各种纯技术工作会妨碍我把我的时间用在写书上面。尽管如此，我始终认为，一位创造者的伟大人生，就是莫里哀的一生。我的意思是他创造了他的作品并同时提升了作品的地位。[1] 至于严格意义上的戏剧艺术，文学上的戏剧艺术，我始终认为它是各种文学类型中最高级与最有难度的一类，因为它必须用一种公共的语言，最大限度地抵达最多元的出身。对我而言，这就是艺术的定义。

戏剧作为"观念的讲台"吗？

我从未把戏剧视为"观念的讲台"，而是把它看成一个各种人物与个性可以闪耀并爆发的场所。

加缪先生，在您看来您笔下的哪一位人物角色带着阿尔贝·加缪的嗓音把话说得最为直接、最为坦率呢？

您知道，这个问题很难回答，因为我始终认为，一位作

---

1 在莫里哀之前，喜剧在法国的地位并不高，但通过莫里哀的努力，喜剧获得了与悲剧同样严肃的地位。

家笔下的每个人物角色都代表了他的某种诱惑。对我而言，作家，意味着活力。我说作家，是因为我自己是作家。我本该说："艺术家，意味着活力。"所以，作家意味着活力。活力，当然是一种具备多种样式的生命之力，它具有多种倾向……它可以具有多种倾向，并且被一切事物吸引。好吧，我不能说自己的哪个人物角色可以被视为我的代言人。我感觉自己就是他们所有人，哪怕其中有些人可能看起来没有其他人那么讨喜。

您有一个长篇小说的计划不是吗？《第一个人》？

确实如此。不过出于迷信，我不想对此谈得太多。我正在撰写一部长篇小说，不过由于我想创作的是一部传统类型的长篇小说，而且由于我不确定自己到底是不是小说家（在这个词的传统意义上[1]），这个计划让我有些害怕。同时这也是我壮年期的小说，如果您愿意的话。因此，相比其他书，我从情感上赋予它更大的重要性。所以我更愿意把它留在幸福的深闺之中。

你了解和赞赏的瑞典作家有哪些？

1　小说家（romancier）一词在法语中的传统意义专指撰写长篇小说的作者。

我相信已经回答过这个问题了。

我来迟了。请您原谅。

您关于断头台的论述 [1] 是否在法国引起了一些讨论，又或者它并没有唤起什么回声？

非常不幸的是，它没有引起任何讨论。只有个别作家或记者向我指出它写得不错，总之……在这个暴行不断增加的世界上存在那么多相关案例时，费尽心思取缔断头台毫无意义。我认为这种理由是无效的，至少对我而言无效，因为我认为如果我们等待人类的天性完美到足以去消除一切不完美，那么，我们要等很长时间！

如果您可以提名您的继任者，假如我们有资格这样做的话，那么您会把诺贝尔奖颁给谁？

哎哟，您让我很为难啊……您让我很为难……我承认，我感到惊讶，同时又深感荣幸，惊讶于得到诺贝尔奖，同样我也惊讶于需要把它送出去！（笑声）

---

1 指加缪出版于 1957 年的《关于断头台的思考》，讨论了是否应该废除死刑的问题。

对您将来的作品而言，您认为诺贝尔奖是一种麻烦或阻碍吗？

既然一切荣誉对于作家而言都代表着一种最大的危险，无疑不断在暗中窥伺着他，那么这对我而言也是一种危险！我只是尽力把这种危险当成一位作家在其职业生涯中遇到的任何东西，平常对待。

加缪先生，您说您的所有人物角色都代表着其作者的一种诱惑。但如果您从头审视您的作品，您是否可以说，例如您完全按照您的想法写了《西西弗斯神话》呢？又或者，《西西弗斯神话》阐述了您思想的某个方面，个别方面？在那之后您的思想是否有发展？我想问的是，不管您刚才说了什么，一个像里厄大夫这样的角色不是比《局外人》或者甚至可能比《堕落》的主人公更能代表您内心的想法吗？

哦，当然比《堕落》的主人公更有代表性，不是吗！不过，您也有道理。我应该对我说过的内容增添以下细节：一个作家笔下的人物代表了他在某一时段的诱惑。自然，您知道，这些诱惑会随着年龄发生变化！不过，我……（一位女士打断了加缪）对不起，女士，如果您允许的话，我想先按顺序把话讲完。不过，也许我会发自内心地更加钟爱某一些角色，如果您愿意的话。但他们并非永远是和我最相像的角色，而是我最想让自己与之相像的角色。差别明显，不是吗？

请允许我迅速把话说完？存在某种危险：我只是观察到一个现象，它也许令人遗憾，不过我观察到，例如在瑞典，有许多非常仰慕您的年轻读者感到，由于您笔下的人物有时候在他们看来是相互对立的，他们难以形成一个整体形象。于是，对他们说存在两个方面，显然是徒劳的……例如，面对《堕落》与《鼠疫》的主人公，他们确实感到难以令两人彼此赞同。同样，他们有时也很难把《西西弗斯神话》中的某些主题和生活态度与《反抗者》中更加社会也更加人性的立场统合起来。这就是为什么我想问您：是否存在某种演变？

存在某种演变，当然，不演变的演变……好吧，我想说的是，存在某种适应。不过我想从两个方面回答您的问题。第一个最简单，而且在我们学习无论哪部作品的时候，我们每个人都知道，那就是一部作品是随时间顺序搭建起来的。很显然，《西西弗斯神话》构思并写作于 1938 年到 1941 年之间，无须我为你们回忆那几年是怎么回事，它当然不可能和《反抗者》这种写作于 1947 年到 1951 年的书一样——或者也许我弄错了，应该是 1946 年到 1950 年吧，对吧？大概是这样。不仅人变了，而且甚至时局都变了！好吧！这就是我在这方面可以说的内容。如果某些读者感觉自己迷失了方向，有两个原因：上面提到的原因，以及自然还有作家本身固有的弱点。关于这种弱点，我只有一件事要说：一切艺术家，一切艺术家的心灵都是战斗的场地。他想要尽力表达的，同时包括这场战斗本身以及离开战场的欲望。胜利的欲望。我不认为人们可以，总之不认为我自己可以，把我的这些书想象成别的样子，只能视之为这场在我体内进行的战斗呈现出的一连串画面。

加缪先生，关于人类的未来，您认为自己是一个乐观主义者还是悲观主义者呢？

亲爱的先生，这些词语对我没有多大意义。因为我不认为有人可以用这个词曾经的意义来问我是不是乐观主义者，例如，当欧内斯特·勒南[1]写下《科学之未来》的时候，

---

1 约瑟夫·欧内斯特·勒南（Joseph Ernest Renan，1823—1892）：法国哲学家，受达尔文进化论影响，去世后被盛赞为进步精神的化身。《科学之未来》是勒南完成于 1848 年的著作，但最终于 1890 年方才出版。勒南在该书中表明了他对科学与理性之进步的信心。加缪在《反抗者》中也提到了《科学之未来》，认为其中包含着某种"近乎神秘主义的希望……这种希望是在 19 世纪由工业的飞速发展与科学的惊人进步引起的"。

我想，是 1848 年。勒南认为，世界向着各种无上的快乐迈进，这种快乐通过不断重复的行动得到更新。好吧，女士们先生们，今天在这个大厅里，我相信，你们中间没有任何人对这样一个方案感到乐观。不过，我之所以不相信，仅仅是因为，世界似乎有总爆炸或者总毁灭的危险，这可能会剥夺我们行动的决心或者阻止我们探寻那些让我们活得更加自由、更加高贵的价值。在这个意义上，很难说我是什么乐观主义者。但我是一个根深蒂固的乐观主义者。

加缪先生，您现在就要去认识一个讲究虚礼、一本正经的瑞典。在您的日程表中您是否准备来了解一下我们的瑞典呢？

亲爱的先生，我看了我的日程表，留给我观察瑞典的时间只有一刹那，不是吗，只有汽车后视镜了。实话实说，我担心自己在这里住过一周之后，无法对瑞典，我的意思是对作为地域、作为国家的瑞典产生什么看法。我还要补充一句，我为此深感遗憾，从今天早上以来就一直为此感到遗憾。这样的情况，有时候，当我到达一地，我会有某种直觉，这个地方让我感兴趣。好吧，我觉得自己会对这种直觉加以限制，当然，本周参与贵国庆典活动这样的乐事除外。

加缪先生，不久之前，由于西班牙的状况您退出了联合国教科文组织。[1]

　　的确如此。

　　您说过，关于西班牙文化……

　　是的，我发现这很矛盾，一个建立在思想自由之上的组织，居然要求……好吧，居然接受一个在其领土上对这个组织本身的节目和出版物进行查禁的国家加入其中。我的逻辑能力被这件事冒犯了，不是吗，于是我就用这种方式加以抵制。

　　加缪先生，在您向马达里亚加[2]致敬的演讲中，您对自由进行了歌颂，并且您谈到了自由党、自由党人，它也同样曾是您的派别。您在政治方面一般来说采取的是什么立场？

1　1952年，由于弗朗哥政府治下的西班牙加入了联合国教科文组织，加缪因此拒绝与教科文组织继续合作。

2　萨尔瓦多·德·马达里亚加（Salvador de Madariaga，1886—1978）：西班牙外交官，共和主义者，欧洲知识界反对佛朗哥的重要人物。1956年10月30日在马达里亚加70岁生日当天，加缪进行了题为"自由之政党，向萨尔瓦多·德·马达里亚加致敬"的演讲。

好吧，一个孤独者的立场，对吧？我不属于任何党派。除了极个别特例，我与官方人士鲜有联系，因此我仅仅局限于进行一些个人思考，我提前便知道其中的所有限制。不过，整整二十年，我相信自己没有拒绝关注任何时代的惨剧，有了这样的经验之后，我得出了这样一个看法，自由是一切财富中最高、最确切的一种。并不是因为这种价值足以创造出各种社会，而是因为它让这些社会有可能得到改善，而我一直认为专制做不到这一点。另外，在来到这里不久之前，我在法国做了唯一一次采访[1]，我在其中说道，有时候人们必须以四分之一真理的名义与彻底的谎言作战，而涉及西方世界，这个四分之一真理就叫作"自由"，因此，对于一种我们所有人都在期望的，总而言之取决于我们的更加伟大的真理而言，自由正是其源泉。我不知道如何从政治角度定义这种立场，不过我用这些词语定义了它，对吧？

另一个问题：关于宗教您的立场是什么？

今天早上我在瑞典的报刊中读到，好吧，是有人帮我翻译了，我在里面读到，我曾经说过我绝不屈服……好吧，您的同行曾经问我是否会皈依上帝，我可以用完全一样的回

1　参见本书中的另一篇访谈《我们这代人的赌注》。

答答复你：我说不。完了。

您如何解释……

不过当然，我自己作为一个老记者，我很清楚，就像我们在行业内说的，必须把版面"填满"（笑声）。对不起。

您如何解释这样一件事情，最近发表了好几篇文章，我完全不知道是基于什么氛围，大家都一口咬定，您正在向天主教转变，总之瑞典到处都在传，甚至比在法国本土传得还广。我无法理解这种断言，不过您对此怎么看？

我认为，人们总是把我和无神论唯物主义的思想运动混为一谈，在这个意思上，这件事被解释得非常好，另外这里面也多少是由于我自己的过错。不过，有时我会写一些与我内心深处的信念相符的东西，那就是在人类身上存在某种神秘之处。好吧，在当今社会中这就够了……

况且从来没有说过天主教……

是的……不过，我同样认为，当我的最后几本书热情洋溢地谈论了耶稣其人之后（我说耶稣"其人"，对吧？），也许……不过，面对耶稣的个人故事和他的教诲，我并没有看到自己发自内心地感到某种情绪或者想法。可惜，我担心，在某些欧洲圈层中，尤其是某些被称为"左派"的圈层中（我也不知道为什么），承认人类的认识能力存在无知和局限，对神圣之物的尊重就显得像是某种弱点。如果这些都是弱点，那么我将有力地担负起来，对吧？

我相信您说过，必须在一种学说抵达其顶峰后再对其做出判断，而不是在其副产品之后[1]。

是的，我当时说这话是为了反对一种诋毁倾向，我感觉实在太过于轻佻……从一些假基督徒或者法利赛人[2]出发去批评基督教实在太过于轻佻。在我看来，如果必须涉及基督教教理问题，那么还是去向圣奥古斯丁和帕斯卡尔请教为好。

先生，您难道不认为，归拢在您身上的那些说您与天主教所谓"接近"的论点，是由您对恶的问题的阐释导致的吗？

---

1 参见本书中的另一篇访谈《三次访谈·与加缪相遇》。

2 法利赛人是犹太人中的一个派别，"法利赛"一词在希伯来语中意为"分离"，指为了保持纯洁而与世俗保持距离的人。但这些人在现实中却常常变得自傲和冷漠。在《圣经·新约》中，法利赛人不听从耶稣的教诲，常常成为耶稣口中批评的对象。早期基督教徒与法利赛人之间极端敌视。

啊，这非常有可能！不过您知道……另外，我必须说，这是我头一次给予这个问题以如此高的重要性。也许这更值得我专门做一次公开演讲，例如在某些宗教中，这并不麻烦，不是吗？在基督的其人其事面前，我只有敬仰和尊重。我不相信他的复活。不过，人们在很长时间内都以为我相信耶稣的复活，对吧，例如，共产主义哲学家总说我是一个反动哲学家，反动哲学家总说我是共产主义哲学家。无神论者发现我是骨子里的基督徒，基督徒为我的无神论感到惋惜，对吧？这种事甚至还引申得更远，因为有些宗派主义者指责我在太多宣言上签名，而另外一些人则指责我签得不够多，以至于我在这些相互矛盾的诉求之间有些迷失。于是我决定继续做我能够做到的以及之所以我能够做到的那个人，不是吗？

加缪先生，您曾经一度是世界主义[1]的拥护者吗？如今您认为一个世界范围的美利坚合众国将会是一次机会吗？

如果我们最终实现了欧洲范围的美利坚合众国，那么将有一个幸福的人站在您的面前，不是吗……不过至于世界

1　加缪曾经对盖瑞·戴维斯的世界主义表示过支持。参见本书中的《我回答……》以及《加缪断言："自由是现代世界最严峻的问题。"》。

范围的美利坚合众国，我觉得这是某种极限，我们也许可以在未来、在理想中把它确立出来。坦率地说，这种极限目前让我觉得还属于空想。我看不出目前我们如何做到让赫鲁晓夫与艾森豪威尔[1]的观点取得一致，不是吗？这会谈妥的……一定……

既然事情对于艺术家以及对您本人而言是可能的，那么，一方面，您是否有意识地把您与某种法国文学传统联系起来；另一方面，在当代作家之中，是否在法国存在某些作家让您感到发自灵魂的友爱？我指的不是艺术观点，而是人的态度。

是的……我回答您的第一个问题。我深切地感到——当然带有我的个人局限——自己与法国经典传统联系在一起，它在我内体如此强烈，以至于当我去感受，如果你愿意的话，我的根源，对吧，我就有一种向后跳跃两个世纪的感觉。换句话说，我觉得自己与拉布吕耶尔[2]和帕斯卡尔这样的人（相对而言）更加亲近——我提这些名字只是为了给这

<hr>

1　赫鲁晓夫和艾森豪威尔分别是当时的苏联最高领导人（1953—1964）和美国总统（1953—1961）。

2　让·德·拉布吕耶尔（Jean de La Bruyère，1645—1696）：法国作家，古典主义作家，擅于在作品中讨论道德问题，著有随笔《品格论》。

种传统定位——要比与拉马丁或者维克多·雨果[1]更亲近得多，不是吗？这就是我的答案。至于您的第二个问题，它不太容易回答。是的，在法国，我对许多人抱有深刻的友爱之情。我在这里只列举两个名字，因为这两个名字对我而言意义重大。其中之一已经去世了：我想说的是西蒙娜·薇依[2]。有时候逝者会让人感觉与生者一样近在咫尺。另一位是我眼中最伟大的法国诗人：我想说的是勒内·夏尔。他对我而言不仅仅是一位诗人，一位大诗人以及一位具有无限天赋的作家，而且他完全像是我的一位兄长。不幸的是，诗歌无法翻译，我不知道你们可以用什么办法做到这一点，但这是一件在我看来值得期待的事情，因为他的诗作立身于法国文学所创造出的最伟大，的确是最伟大作品之列。总而言之，自从阿波利奈尔以来，在法国诗歌中，没有任何革新可以与勒内·夏尔所实现的那种相提并论。至于其人，我谈起他来只会多有偏心，我不能把它展现在你们面前。总而言之，他超越了任何歌颂赞美。

1　阿尔丰斯·德·拉马丁（Alphonse de Lamartine，1790—1869）与维克多·雨果（Victor Hugo，1802—1885）均为 19 世纪法国浪漫派代表人物。相比于法国浪漫派，加缪更欣赏 17 世纪的古典主义作家。

2　西蒙娜·薇依（Simone Weil，1909—1943）：法国女思想家。加缪从未见过薇依，这是加缪的人生遗憾之一。在加缪于伽利玛出版社主编的"希望文丛"中，薇依的入选作品数量最多，同时她和勒内·夏尔是仅有的两位不止一部作品被收入其中的作家。薇依的不少遗作也经由加缪首次出版。另外，加缪还写过多篇关于薇依的评论文章，对薇依思想的传播做出了巨大贡献。

您与您的前兄弟让-保罗·萨特现在关系怎样?

是极好的关系,先生,因为最好的关系就是彼此不见的关系。不过,在法国本土,也许海外也一样,人们严重夸大了我们之间的不和。这主要是一种意识形态方面的不和,它曾经允许我们各自表明立场,这些立场在我看来当然同样值得尊重,对吧?不过互相完全对立。

那么——作为结束——您对马尔罗的态度呢?无论如何,作为对马尔罗才华的回应,难道没有某种认定,某种征服精神,哪怕在马尔罗的人类友爱(它不同于您本人的态度)中,能否被您转化为您自己的,就像它被表述为……

当然不能!彼此一致的文学毫无益处。马尔罗曾经探讨过一些重大题材,曾经对整整一代人而言都是活生生的题材,而且始终保持鲜活,运用他内心的诗情,以及他对于极致高贵、极致悲怆的精神探索的爱好。就我个人而言,我承认,尽管这些东西显然与我的天性并不一致,但我对这样的作品只有敬仰与钟爱。不过,请允许我提醒你们注意,尽管跟作品本身毫无关系,但我想说,作为人,这个人身上同样有某种相当令人赞叹之处,对吧?他没有仅仅局限于宣扬某些价值,他曾为这些价值付出过代价。在书本的世界中,这样的态度值得脱帽致敬。总之，我很高兴自己在你们面前向他公开脱帽致敬。（长时间沉默。）没有其他问题了吗？

您认为类似的集会……在访谈方面成功吗？

这次吗？

是的。疲劳感是否压倒了其他一切？

完全没有。不，不！在三十个小时的旅途之后我曾感到疲劳，但现在我的活力正在逐渐恢复。

卡尔·阿尔贝·维吉亚尼的问卷 [1]

1913—1918 年

根据一篇报刊上的文章，您出生于 1913 年 11 月 7 日凌晨两点，在圣-保罗农场，"在原野中，蒙多维与杜泽维尔 [2] 之间的公路上"。正确吗？

是的。

您的父亲名叫吕西安·奥古斯特·加缪。他祖籍阿尔

1　卡尔·阿尔贝·维吉亚尼（Carl Albert Viggiani，1922—2010）：意大利裔美国学者，加缪研究专家。20 世纪 50 年代在法国与加缪相识，专注于收集其生平资料。1958 年 1 月至 6 月，加缪做完了维吉亚尼的一系列调查问卷，内容涉及从加缪出生到 1942 年的众多经历。维吉亚尼之后还有后续的问卷内容。但 1960 年加缪的突然车祸去世打乱了他的计划。该问卷直到 1968 年才被维吉亚尼正式发表。

2　蒙多维（今称"德雷安"）和杜泽维尔（今称"哈杰尔"）均为阿尔及利亚东北部市镇，相距十五千米。

萨斯（出生于阿尔及利亚？）。他是管理酒窖的工人。1913
年时他二十八岁。正确吗？

是的。

您的父亲在第一次马恩河战役[1]中阵亡[2]。关于他的死，
有没有什么家庭资料留存？您知道他服役于哪个团吗？您有
他的照片吗？

只有一张他团队的照片。我相信是第一佐阿夫团[3]。他还
参加过摩洛哥战争[4]。

您有一个哥哥。他叫什么名字？他何时出生的？还有
其他细节吗？您与他的私人关系如何？

吕西安，出生于 1909 年 1 月。他不是什么知识分子。

---

1 第一次马恩河战役是第一次世界大战中西线的关键战役。爆发于 1914 年 8 月。
   英法联军击退了德意志帝国军，使西线陷入堑壕战。

2 吕西安·加缪 8 月 24 日参加了马恩河战役，不幸头部中弹负伤。10 月 11 日
   死于后方医院。

3 佐阿夫团是法国人在北非组建的轻步兵团，创建于 1830 年。其中第一佐阿夫
   团由阿尔及利亚中部地区的士兵组成。

4 吕西安·加缪在结婚前曾在摩洛哥的朱阿夫军团服役。参与了法国对摩洛哥的
   殖民战争。

他是社保监察员。我们相处很融洽。

当时和您一起住在蒙多维的还有其他亲属吗？

没有。

您能描述一下您出生的那栋房屋和产业吗？有照片吗？

不能。我九个月大时就从那里离开了。

根据一篇报刊上的文章所述，您的母亲，在您父亲去世后不久，"就离开当地前往奥兰省[1]，在那里她的西班牙渊源吸引着她"。正确吗？如果是正确的，她何时动身的？她把两个儿子都带走了吗？你们住在哪里？住在她父母家吗？

不。她在阿尔及尔安家了，在宣战的时候[2]。

1　奥兰省是阿尔及利亚西北部省份，首府奥兰，在蒙多维以西约九百千米。

2　此处指 1914 年 8 月 3 日德意志帝国向法国宣战。在吕西安·加缪当天加入佐阿夫团之后（而非阵亡之后），加缪的母亲就带着两个幼儿搬到了阿尔及尔的贫民区贝尔库尔，与她的母亲及两个兄弟住在一起。

根据基里奥[1]的说法，你们1914年回到了阿尔及尔（贝尔库尔），和您的外婆、舅舅还有您的兄长住在一起。您外婆的名字是？您舅舅的名字是？

卡特琳·辛泰斯。埃蒂安·辛泰斯。

您在贝尔库尔的地址是？或者街区是？

里昂路93号。贝尔库尔是阿尔及尔的工人区。

您在阿尔及尔还有一个姨父，是个肉店老板。他的名字是？他还健在吗？

古斯塔夫·阿考尔特。去世十年了。

您那个做箍桶匠的舅舅[2]当时单身吗？他那个时候多少岁？

他现在六十五岁。

---

1 罗杰·基里奥（Roger Quilliot，1925—1998）：法国学者，加缪研究专家。在加缪去世后于20世纪60年代主编了第一套"七星文库"版《加缪文集》。

2 指埃蒂安·辛泰斯。

您的外婆当时多少岁？

大概六十岁。

您的母亲给人帮佣。白天谁照顾您？

我的外婆，方式粗暴。

您对 1914 年到 1918 年还有哪些记忆（画面，感觉）？

太难回答，主要是太多细节。可以专门谈谈。

您在几岁的时候知道了您父亲的死讯？

我不知道。大概是三岁或者四岁吧。

有什么影响吗？

我不知道。我并不认识他，这个消息对我来说有点抽象。

他逝世的情景有没有留在您的脑海中？您以前和现在

会常常想起他吗？

随着年纪增长，我就愈发频繁地想起他。

您母亲是什么时候对您说，您父亲曾经目睹过对一个人实施死刑（断头台），您父亲吐了，等等？[1]

我不知道。我应该有十多岁了。

您的母亲一直没有再婚吗？

没有。

在童年和少年时您有没有感到缺少父亲？

我不觉得。总之，我并不知道人可以有父亲。父亲是给别人的。

在您的童年和少年时代，在您的生命中是谁扮演了父亲的角色？您和他的关系怎样？

1　加缪在出版于 1957 年的《关于断头台的思考》开篇处谈到了他父亲的这个故事。

在童年时，也许是那位帮助我进入中学的小学老师[1]吧。他严格，但是热心。我当时既爱他又怕他。在少年时代，则是我非常喜欢的那个舅舅（因为他常常喝醉，所以完全不尊敬他）。我对他的支配欲没有忍受很久。

您的家庭是天主教家庭吗？去望弥撒吗？去听教理课吗？

是天主教家庭。不过要比教士们更加迷信。既不去弥撒，也没有任何类似的事情。受洗和临终圣事，这就是全部了。

1918 年秋天，您进入了贝尔库尔的一所公立学校。是哪一所？

是贝尔库尔的奥梅拉路市立中学。

关于路易·热尔曼还有哪些细节？他一直健在吗？

见上文。他还健在，住在阿尔及尔的罗维戈路六号。

1　指路易·热尔曼（Louis Germain），加缪将其《瑞典演说》一书题献给了他的这位小学老师。

他为什么会关心您?

他参加过一战。对于他而言，我就是一个在他幸存下来的那场战争中被杀死的无名战友的儿子。

他在课堂之外还让你做过哪些功课?

准备奖学金竞考。

在市立中学最吸引您的课程有哪些?

语文和地理。

您在市立中学读书的时候，有没有读到一些让您产生深刻印象的书籍? 童书或者其他的?

有一本书，《海洋之子》，我再也没找到过，甚至不知道作者是谁。热尔曼曾饱含深情地为我们高声朗诵道格莱斯[1]的《木十字架》。

---

1 罗兰·道格莱斯（Roland Dorgelès，1885—1973）：法国作家。《木十字架》出版于 1919 年，是一部一战战场幸存者的见证。

您还记得那段时间梦想过某种志向吗（牛仔，国王，诗人，等等）？

"冒险"当时让我着迷。像是绿林罗宾汉[1]。

是不是就在当时您开始意识到阳光与大海的荣耀（我表述得不好）？

大概是无意识的。不过主要是在几年之后。

您当时孤独或者感觉孤独吗？

大多数时间不觉得。有时候，感觉自己是一颗特别的"星星"。

您的母亲或者其他亲属是不是不怎么管您？

他们经常让我一个人静静待着。在我身边没有任何人知道怎么读书：请您好好衡量一下这一点。我的外婆培养我，手段相当粗暴。

1　罗宾汉是英国民间传说中劫富济贫的绿林英雄。

您关于童年的记忆是动荡的、安稳的，还是美满的？

都不是。一个充满好奇、充满寂静、充满能量与情感的童年。

从 1918 年到 1923 年，您是不是一直住在同一个地方？始终与您的外婆和舅舅住在一起？

是的，准确地说是从 1914 年到 1930 年。

1923—1930 年

1923 年秋，您进入了阿尔及尔公立高中。您选了哪些科目？

文理。

您是住宿还是走读？

包午饭的走读。从七点一刻到十九点，一直待在学校，在那里吃中饭。晚上回自己家。

您学过希腊语和希腊文学吗？在高中您读过哪些希腊作家？

在高中没有。由于我考教师资格证时需要希腊语，因此我之后在大学里上了一些速成班。我读了我的教导主任送给我的所有希腊文学作品，不过都是翻译的。

您学过拉丁语和拉丁文学吗？哪些作家？

是的，在高中学过。有西塞罗和维吉尔[1]。太麻烦了！

您是什么时候学的西班牙语？英语呢？您在高中时有没有读过一些西班牙语和英语作家呢？

高中学过英语。西班牙语只是出于兴趣。

除了纪德、蒙泰朗[2]和马尔罗，基里奥没有谈到您在这

---

[1] 西塞罗（Cicéron，前106—前43）和维吉尔（Virgile，前70—前19）均为古罗马最具代表性的作家。其中西塞罗以散文和演说闻名，维吉尔则是最重要的拉丁语诗人。二者均为学习拉丁语的必读作家。

[2] 亨利·德·蒙泰朗（Henry de Montherlant，1895—1972）：法国作家。加缪从青年时代起就一直在细读蒙泰朗的作品，他早在1939年2月5日便发表书评，赞美蒙泰朗的新作《九月的秋分》。加缪称"蒙泰朗是法国仅有的三四位大作家之一，提出了一套生活体系"。在加缪后来的笔记中，提到蒙泰朗的地方也很多。

个时期的其他阅读经历。难道在您的文学与知识教育中就没有其他举足轻重的法国"古典"（11 到 19 世纪）作家吗？（例如《克莱芙公主》《阿道尔夫》[1]？）

当然有。不过，对我而言两位神灵是莫里哀和……帕斯卡尔。

您在高中学过哲学吗？文本还是教材？

学过。是教材：居维里耶[2]。我在这一时期的发现：叔本华和尼采。

您还记得曾经影响过您的高中老师吗？

让·格勒尼耶。

当时您读过《旧约》或者《新约》吗？读过宗教作家吗？

没有。后来读过。

---

1 《克莱芙公主》是法国女作家拉法耶特夫人（Madame de La Fayette）匿名发表于 1678 年的小说，被认为是法国小说的奠基性作品之一。《阿道尔夫》是法国作家邦雅曼·贡斯当（Benjamin Constant）1816 年发表的小说，开创了心理分析小说的先河。

2 阿尔芒·居维里耶（Armand Cuvillier, 1887—1973）：法国哲学家。加缪在这里提到的是他的《哲学教程》。

您是从什么时候开始阅读希腊神话方面的主题的？在哪本书里？

在高中时，一本我已经忘了名字的教材。

您曾经读过弗雷泽[1]的《金枝》吗？或者类似的作品？什么时候？

是的，在大学里，在我准备我的伦理学与社会学考试的时候。

您在高中时学过修辞学吗？

是的。

贝拉米什与弗雷明维尔[2]都是您的亲密好友吗？

好哥们儿。

---

[1] 詹姆斯·弗雷泽（James Frazer，1854—1941）：苏格兰人类学家，神话学和比较宗教学的先驱。《金枝：巫术与宗教研究》是弗雷泽的代表作，研究了人类的宗教、巫术、仪式等。在西方影响巨大。

[2] 安德烈·贝拉米什（André Belamich，1913—2006）与克劳德·德·弗雷明维尔（Claude de Fréminville，1914—1966）均为加缪的高中同学，后来都成了作家，并且三人之间维持了长期友谊。

您在高中时搞过戏剧吗？

没有，我当时踢足球。

在高中的时候，您最好的朋友都是年轻的知识分子，未来的作家、哲学家吗？

不是，都是体育运动的队友。没有任何人后来变成知识分子。只有一个例外：在高三的班级里有一个想要写作的朋友。他后来成了牧师，过早地去世了。

在 1925 年到 1926 年，是谁引导您去阅读纪德、蒙泰朗和马尔罗的？

没那么早。我想是在十七岁的时候，我姨父让我发现了《人间食粮》[1]，接着通过格勒尼耶我发现了文学。

您在高中的时候有没有读过一些文学报纸或杂志？哪些？

没有。从十七岁开始，读了《新法兰西杂志》《公社》

---

[1] 《人间食粮》是纪德发表于 1897 年的长篇散文诗，青年加缪读过后将其视为精神圣经。

《欧洲》[1] 等。

您在高中期间有没有写过什么？散文？诗歌？日记？

在那个后来成为牧师的朋友办的杂志中发过一篇文章。那是一份手抄的杂志（《从我的房间看世界》）。我第一篇也是唯一一篇文章是颂扬飞行员的。之后，在高级修辞学课程里，我模仿尼采和叔本华，给格勒尼耶写了一篇关于音乐的随笔。

当时您已经具有社会和政治观点了吗？您愿意谈谈吗？

没有。

您当时有穆斯林朋友吗？

有一些同学。

---

1 《新法兰西杂志》是 1908 年创刊的文学杂志，创始人包括雅克·科波、安德烈·纪德等青年作家。《公社》是 1933 年创刊的文学杂志，创始人包括亨利·巴比塞、安德烈·纪德、罗曼·罗兰等左翼作家。《欧洲》是 1923 年创刊的文学杂志，创始人是罗曼·罗兰。

在十二岁时《伪币制造者》[1]对您而言具有怎样的重要性?

一点也没有,当时没读过。之后读到,是纯粹知性的兴趣。

同样的问题,关于《角斗士》[2]。这部作品之后是否引起了您对密特拉教[3]的兴趣呢?

当时没有读过。之后读到,深感兴趣。

对于您在1923年到1930年间的生活,您能否给出一个总体的概念?

每天十二小时的高中生活,周四和周日的体育运动(足球和游泳)。家中的贫困。纯粹发乎本能地被美的东西吸引。

您在高中期间一直住在您外婆家吗?母亲、舅舅和哥哥也一样?

1　《伪币制造者》是纪德出版于1925年的小说,当时加缪12岁。

2　《角斗士》是蒙泰朗出版于1926年的小说。

3　密特拉教是一种曾经盛行于古罗马帝国境内的秘密宗教。与波斯主神密特拉有关。其宗教仪式中经常屠杀公牛,代表善与恶的艰苦搏斗。

是的。

您是在 1930 年参加高考的吗？

是的。

在这个时期，基督和基督教对您而言意味着什么？

什么也不意味。不过也不敌视。

您当时对宗教感兴趣吗？

不。缺少实例。而且我热爱天空、大海和夜晚。

您当时对于神（或者诸神）有概念吗？

诸神——是的——就像一种想象力的乐趣。

您当时知道您的父亲与断头台的故事吗？在 1930 年以前您曾经思考过死亡吗？

难说。我不认为。

您当时对死刑感兴趣吗?

没有兴趣。这种想法出现在我脑海里时,会有器官性的抗拒。

您曾经看过死刑执行吗?

没有。

如果我记得不错,您曾经说过,是由于一阵阳光击打导致您得了肺结核病。我有没有弄错?您能解释一下吗?

运动过度。疲劳。过度暴晒。咯血。

1930—1935 年

您是在 1930 年的什么时候病倒的?

我相信是十二月。

您有没有担心过,或者您有没有觉得自己可能会死于这场肺结核?

我担心过。自从大量咯血之后，我从医生脸上读出了这一点。

您当时住院了吗？如果没有，是谁照顾您的？

住了，为了治疗气胸。阿尔及利亚的那些医院啊！

您当时住在姨父家，他家在哪儿？

阿尔及尔朗格多克路三号。

他的伏尔泰式思想有没有影响过您？

也许吧，不过归根结底只是表面的。

您是什么时候离开您姨父的？

两年后。

从1930年开始，为了谋生您是否打过工？哪些行业？

教课。气象台。职业演员。在我的高中时代（从十四岁开始），外婆让我在假期打工，以便补贴家用。因此我曾经在海事中介和汽车配件商那里干过活。

您在大学求学时住在哪里？

学生宿舍。我一个人住——或者几乎一个人住。有超过一年的时间（我想是 1935 年），我和一群男女学生住在一起。

您能否给出一些您从 1930 年到 1936 年在大学里的学习细节（课程、重要的阅读等）？

印度哲学。逻辑学与科学哲学。莱昂·舍斯托夫，斯宾诺莎，笛卡尔，马克斯·舍勒，等等。

您当时是否有意成为哲学教师？作家？剧作家？导演？

是的，哲学教师。

里肖¹的《疼痛》如何在一定程度上决定了您的文学志向？

---

1 安德烈·德·里肖（André de Richaud，1907—1968）：法国作家。父亲在一战中阵亡，家境贫寒。1930 年出版小说处女作《疼痛》。让·格勒尼耶将该书送给了加缪，加缪连夜读完，并且评价道："《疼痛》让我隐约瞥见了一个创造的世界。"

我发现一个贫困的孩子也可以自我表达并且通过艺术得到解放。

您《笔记》中的"让娜"是不是您的第一个女人?

不是。那纯粹是虚构的。

关于您的第一次婚姻[1],您愿意提供一些细节吗?

不。痛苦的经验。

让·格勒尼耶身上是什么在吸引着您?

他的文化,他的敏锐。他为我打开了艺术的大门。

是否得益于格勒尼耶,您才开始阅读存在主义者的著作的?

是的。正是他让我了解了莱昂·舍斯托夫。不过他也

1　1934 年,加缪与西蒙娜·伊耶结婚。但伊耶有毒瘾,并且与主治医生偷情,一年后二人离婚。

同样让我去读柏拉图。

您为什么以及如何加入的共产党？

对于正义的热爱。

您入党的决定是否受到了格勒尼耶的影响？

是的。这里有一份未发表的文章。[1]（私密的文章，看过后请还给我。）

您入党前有没有读过马克思、恩格斯或者其他马克思主义作家？

没有。

您愿不愿意概括一下您在党内的职责？

在阿拉伯人中发展新成员。

1　该文是加缪写给让·格勒尼耶的一封信，其中解释了他入党和退党的原因。

这些事务花费了您多少时间？

一半时间。

1936 年以前您读过克尔凯郭尔或者其他存在主义者的书吗？

读过克尔凯郭尔。

1936 年以前您读过黑格尔吗？

没有。

您为什么退党？只是政治原因吗？

看看这篇文章。

是否存在关于劳工剧团的某种发展史？如果没有，您愿意提供一些细节吗？

太长了。不过关于团队剧团，热尔曼妮·布莱[1]有一篇

1　热尔曼妮·布莱（Germaine Brée，1907—2001）：法裔美国女学者。二战期间参与了法国本土的抵抗运动。后来成为加缪的朋友。1949 年在第三期《法国评论》上发表文章《阿尔贝·加缪与团队剧团》。

直击本源的小文章。

《阿斯图里亚斯的起义》的"集体编写"是什么意思?

我们有五个人。我们各自贡献了几幕场景。然后我们把它们拼接了起来。

在组建劳工剧团之前您读过哪些关于戏剧的书籍（美学、技术等）？

雅克·科波，只读过他一个。我依然认为他是伟大的革新者——而且是我在这门艺术中的导师。

在您成立劳工剧团之前，给您印象最深的剧作家有哪些？

莎士比亚和伊丽莎白时代的英国剧作家们。

在劳工剧团之前您有过哪些剧场经验？

完全没有。

1936—1939 年

是让·格勒尼耶给您提供了学位论文的主题[1]，不是吗？

不是。是勒内·普瓦里耶[2]，正教授。

您推进这个主题的研究是不是同样出于一些私人理由？

圣奥古斯丁[3]和普罗提诺[4]都是北非人。而且我觉得自己是一个生活在基督教世界的希腊人。

是否在这一时期基督对您而言成为一个重要的象征？

是的。

1　加缪的学位论文标题为《基督教形而上学与新柏拉图主义》，主要研究圣奥古斯丁和普罗提诺。

2　勒内·普瓦里耶（René Poirier，1900—1995）：法国哲学学者。1932年至1937年在阿尔及尔大学执教。

3　圣奥古斯丁（Saint Augustine，354—430）：罗马帝国神学家。出生于北非的塔加斯特城（今阿尔及利亚桑克阿哈拉），后出任北非希波城（今阿尔及利亚安纳巴）主教，其神学思想被视为若干异端理论的重要源头。

4　普罗提诺（Plotin，205—270）：新柏拉图学派的代表人物。出生于埃及，长期在亚历山大港生活，是柏拉图学派的再传弟子，而思想对后世的基督教哲学影响深远。

您为什么去读爱比克泰德[1]？是否在这一时段您从他的斯多葛主义中找到了某种个人安慰？一种直面死亡的生活方式？

我在医院里读了爱比克泰德。他帮助我"坚持下去"。

1936 年您的健康状况怎么样？肺结核？您当时认为您会一直处于危险期吗？

没有危险。但有生理缺陷。不过我参加了很多有趣的活动。

您还记得 1936 年您读过哪些克尔凯郭尔的书吗？

《诱惑者日记》和《论绝望》。

是格勒尼耶推荐您读这些书的吗？

我相信是的。

1　爱比克泰德作为古罗马斯多葛派思想家，强调哲学是一种生活方式，面对无法控制的外部事件，应该冷静接受，通过自律和自控对自己的行为负责。

为什么克尔凯郭尔在您的成长中如此重要？

反黑格尔。

您还记得您读过哪些圣奥古斯丁的书吗？

《上帝之城》《忏悔录》《独白》，还有许多关于恩典和反驳伯拉纠[1]的文字，等等。

莫里亚克[2]在引述圣奥古斯丁时，将您称为"天生的基督教灵魂"。您同意他的观点吗？

不是天生的，而是潜移默化。

关于您在阿尔及尔广播剧团的工作，您能否给出一些细节？您在这个剧团里待了多长时间？

1　伯拉纠（Pélage，350—420）：基督教神学家。其神学观与圣奥古斯丁相反，否认原罪，认为上帝的恩典并非人类得救的必须。因为与圣奥古斯丁辩论，他被教皇定为异端，逐出教门。圣奥古斯丁著有《论原罪与恩典——驳斥伯拉纠》。

2　弗朗索瓦·莫里亚克（François Mauriac，1885—1970）：法国作家，1952 年诺贝尔文学奖获得者。与加缪多有论战。

一年。每月巡回十五天。每天演出报酬八十法郎。我们演了莫里哀、邦维尔[1]、博马舍[2]。

有什么关于团队剧院的历史资料吗？

参见布莱的文章。

为什么1937年是一个"清醒而苦涩的激昂时期"（基里奥语）？

我忘了。也许是因为决定做一个艺术家吧。

您是一个人在意大利与中欧旅行的吗？您为什么去中欧呢？

和团队剧团的同事们一起去划独木舟。

1　泰奥多尔·德·邦维尔（Théodore de Banville，1823—1891）：法国诗人，剧作家，帕尔纳斯派先驱之一。波德莱尔的好友。创作过戏剧作品十余部。

2　皮埃尔-奥古斯丁·卡隆·德·博马舍（Pierre-Augustin Caron de Beaumarchais，1732—1799）：法国剧作家，莫里哀之后法国最优秀的喜剧作家。著有《塞维利亚的理发师》《费加罗的婚礼》等名作。

西迪·贝勒·阿贝斯[1]中学给您提供了什么职位？

拉丁语教师。

您什么时候写完《反与正》的？

我相信是 1936 年。

您读过索雷尔[2]的《反思暴力》吗？

是的，很久以后（二战期间），另外，读了索雷尔全部的书。

您是何时遇到帕斯卡·皮亚[3]的？

他当时是《阿尔及尔共和报》的主编。

1　西迪·贝勒·阿贝斯是阿尔及利亚西北部城市，位于阿尔及尔以西约四百千米。

2　乔治·索雷尔（Georges Sorel，1847—1922）：法国革命工团主义思想家，1908
　　年出版了《反思暴力》，认为暴力可以使世界摆脱野蛮，将暴力等同于生活、
　　创造力和美德。

3　帕斯卡·皮亚（Pascal Pia，1903—1979）：法国作家、媒体人。1938 年成为
　　《阿尔及尔共和报》主编，加缪曾在他手下工作。之后二人一起在抵抗运动期
　　间创建《战斗报》。加缪将《西西弗斯神话》题献给了皮亚。二人之间有书信
　　集传世。

《阿尔及尔共和报》在 1936 年时是否总体上表达了您的政治与社会观点？

大致是这样。

在西班牙内战期间您有没有想过加入共和军？

有。不过由于肺结核和气胸，我退却了。

1939—1942 年

这个时期对您而言最重要的哲学家是尼采和克尔凯郭尔，这个说法是否确切？

是的，还有帕斯卡尔。

您为什么选择卡利古拉作为您第一部戏剧的主题？

我读了苏维托尼乌斯的《罗马十二帝王传》。参看《卡利古拉》的节目单。

您写这出戏用了多少时间？

一年。

1939 年您读过哪些斯多葛派作家？

爱比克泰德，马可·奥勒留[1]，拉丁语作家中还有塞内卡[2]。

您是在哪里、在什么情况下与马尔罗相遇的？

1940 年，在巴黎，通过皮亚介绍。

在《阿尔及尔共和报》的出版工作停止之前[3]，您就已经离开阿尔及尔了吗？

没有。

您试图在哪里入伍？

在阿尔及尔。

1　马克·奥勒留（Marc Aurèle，121—180）：古罗马皇帝，斯多葛派哲学家。

2　塞内卡（Sénèque，前4—65）：古罗马斯多葛派哲学家。

3　1939 年 10 月，《阿尔及尔共和报》由于政治原因遭到查禁。

您反对战争，但您却想要入伍？我想到了《笔记》。

是的。在这点上，我从未变过。为了避免战争降临他的国家，必须挺身搏斗。当战争来临时，必须与他的国家团结一致。

对于您的第二次婚姻[1]您愿意给出一些细节吗？

不。

关于北非问题，是什么立场让您招来了总督府的敌意？卡比利调查？[2]

是的。

总督府希望您的立场是？

希望我没有任何立场。不过总督府干涉了一些私人举

1　1940 年加缪与弗朗西娜·福尔结婚。

2　1939 年年初，阿尔及利亚卡比利地区遭受了严重的饥荒。加缪作为《阿尔及尔共和报》特派记者前往调查，并于 1939 年 6 月 5 日至 15 日在《阿尔及尔共和报》上联系发表系列文章，描述卡比利的状况并探讨了问题的成因。之后这些文章以《卡比利的苦难》为总标题收入于 1958 年出版的《时事评论三集》。

动（印刷厂），以此阻止别人对我进行鼓励。

您是一个人去法国的，还是夫人陪您一起去的？

是的，一个人。

您在巴黎住在哪里？

在蒙马特的拉维尼昂路。

在您离开《巴黎晚报》之后，回到奥兰之前的这段时间[1]，您靠什么养活自己？

《巴黎晚报》撤到了南方并且一直到我离开的时候都在给我支付工钱。

1940 年 10 月到 12 月您待在里昂吗？哪里？

我在里昂举行了婚礼，我未来的妻子去那里和我团聚。

1　1940 年，加缪在皮亚的推荐下进入《巴黎晚报》报社，5 月，德军入侵，报社编辑部撤出巴黎。10 月，加缪前往里昂暂时落脚。1941 年 1 月，加缪返回阿尔及利亚西北部城市奥兰。

您在奥兰的什么地方教书？

"法兰西之学"，一所私立中考补习学校。

您教些什么？

什么都教。法语、哲学、文学、历史和地理。

您的太太也教课吗？

是的，在一所国立中学教数学。

你们教了多久？

一年。1941 年到 1942 年冬肺结核复发。去了法国。

您是什么时候回到巴黎的？

1942 年我是在中部山区度过的。之后，我在 1943 年住回了巴黎。

当时您阅读了梅尔维尔所有的作品[1]，不是吗？

是的，除了《克拉瑞尔》。

您在 1941 年以前没有读过萨德吗？

没有。

1941 年您读的是萨德的哪部作品？《索多玛一百二十天》？

《朱斯蒂娜》《于丽埃特》以及一些短篇故事[2]。

1941 年在写完《西西弗斯神话》之后什么也没再写吗？

(问题未回答)

1942 年您在巴黎住哪里？

1 　加缪在 1941 年细读了梅尔维尔的《白鲸》，这对《鼠疫》的写作具有极大启发。
　　加缪阅读的梅尔维尔作品还包括《比利·巴德》《玛迪》《贝尼托·塞莱诺》等。

2 　《索多玛一百二十天》《朱斯蒂娜》《于丽埃特》都是萨德的情色小说，短篇故
　　事集则有《爱之罪》等。

见上文。

您是如何加入抵抗运动的？

通过皮亚与勒内·莱诺[1]。

您愿意谈一谈您在"战斗运动"[2]中的作用吗？

我负责地下报刊，之后我被"战斗运动"委派加入了国家解放运动组织，从 1943 年开始，它便团结了所有非共产党领导的运动组织。

您是在 1943 年一月经受了肺结核的又一次侵袭吗？

不是。见上文。是 1941 年到 1942 年的冬天。

1　勒内·莱诺（René Leynaud，1910—1944）：法国作家。在二战期间与加缪结识。《战斗报》成员。在抵抗运动中与加缪关系密切。1944 年被捕，被盖世太保枪决。1947 年，莱诺的诗集《遗作》出版，加缪亲自撰写序言，回顾了他们在抵抗运动中的共同经历。

2　"战斗运动"是二战期间的一次规模庞大的抵抗运动，涉及军事、商业、新闻等多个领域。《战斗报》的发行是该运动的具体措施之一。

您去疗养院了吗？

没有。见上文。我在一个中央山脉的山间村落里得到了照顾。

在《卡利古拉》之前您读过陀思妥耶夫斯基吗？在《局外人》之前呢？

在《卡利古拉》之前没有。在《局外人》之前读过。

《法兰西晚报》访谈 [1]

一位作者，如果不在舞台上和演员们一起工作，那么便鲜有机会找到这种有效文本：它在带动演员表演的同时，可以直接传达角色性格。

但是您没有剧院……

我在找，不过我恐怕这挺困难。但是我的剧团已经组建了，我将其称为我的"机动戏剧小组"。它由一批我喜欢的演员组成，因为他们没有由于电影灾难性的影响而被那种虚假的脾性玷污。这些朋友不满于学习单一的角色，我们共同在交流与学习中创造了一系列人物。一种心照不宣的协约把我们连在一起，不过这份协约约束的只有我一人而已：他

1　该访谈作于 1958 年，但未能及时发表。之后由罗杰·基里奥整理，刊载于 1962 年出版的伽利玛"七星文库"版《阿尔贝·加缪：戏剧，记叙，短篇小说》。

们有自由去别处继续他们的演艺活动，只是尽量优先响应我的召唤。当一切就绪（对于一出戏，我一般估算需要投入一两年的工作时间），剩下的就是找到一家剧场了……

我对室内剧和宣传剧毫无兴趣。必须打破那些注定只能阶段性生效的小玩意儿。属于我们时代的戏剧是一种冲突剧，具有世界维度，生命在其中挣扎，在其中为了更大的自由而拼搏，对抗最严酷的命运以及人类自己。

莎士比亚？

正是如此。我心向悲剧，而非闹剧，心向全方位的参与，而非批评的态度。我支持莎士比亚与西班牙戏剧。不支持布莱希特[1]。

不过您从未排演过莎士比亚呢？

我翻译过《奥赛罗》[2]，但是从来不敢将它搬上舞台，我

---

1 欧根·贝托尔特·弗里德里希·布莱希特（Eugen Bertholt Friedrich Brecht，1898—1956）：德国剧作家、戏剧理论家。在戏剧演出方面强调"间离效果"，即要求观众在看戏时不应该彻底投入，而是应该保持一种批判性的距离，认为观众对戏剧舞台的情感投射会妨碍他的冷静判断。布莱希特的戏剧理论开创了新的流派，在世界范围内影响巨大，但加缪对此不以为然。

2 加缪在团队剧团工作时，曾筹划过《奥赛罗》的演出，但因二战爆发而取消了计划。

还依然在进行我的戏剧高考……而莎士比亚，是教师资格考试[1]！

最后一个问题：您的戏剧活动没有妨碍您的文学创作吗？

曾几何时我担心过，不过现在再也不用担心了……您看，有一些事一直让我怀念，比如抵抗运动中或者在《战斗报》报社里的那种同志情谊。这一切都已远去了！不过我在剧团中重新找到了这种友情以及我需要的这种集体冒险，它们依然是避免孤身一人最慷慨的办法。

1　在法国，教师资格考试一般至少需要大学毕业甚至硕士毕业才有资格参加。

关于《群魔》的几次访谈 [1]

阿尔贝·加缪谈《群魔》的改编 [2]

陀思妥耶夫斯基回归剧场，当下正在法国显现出来，您如何解释这一点？改编《一件糟糕的事》《罪与罚》《白痴》[3] 等？这种一时风靡在您看来仅仅是某种巧合吗？

有很长一段时间，人们曾以为马克思是预言了 20 世纪的先知。现在我们知道，他的预言没有命中目标。我们发现

1　加缪改编的陀思妥耶夫斯基《群魔》于 1959 年 1 月 30 日在巴黎安托万剧院首演。加缪对陀思妥耶夫斯基的阅读由来已久，早在青年时代，他就导演过《卡拉马佐夫兄弟》并且亲自出演其中的伊万·卡拉马佐夫。而《群魔》更是加缪一生中最重视的文学作品之一。在《西西弗斯神话》中，加缪专门探讨了《群魔》中的重要人物基里洛夫，《鼠疫》的开头也以致敬的方式模仿了《群魔》的开篇第一句话。加缪说："我把《群魔》与三四本伟大的巨著放在一起，例如《奥德赛》《战争与和平》《堂吉诃德》以及莎士比亚的戏剧作品。"

2　该访谈最初收录于 1958 年第 1 期《演出》杂志。

3　《一件糟糕的事》是陀思妥耶夫斯基完成于 1862 年的一部短篇小说，1957 年由俄裔导演乔治·安年科夫（Georges Annenkoff）改编，在巴黎老鸽棚剧院上演。《罪与罚》1956 年由俄裔导演乔治·蓝潘（Georges Lampin）拍成电影。《白痴》则在 20 世纪四五十年代的法国被多次翻拍成电影。

真正的先知是陀思妥耶夫斯基。他曾预料到大法官的统治[1]以及强权对正义的胜利。

关于您从陀思妥耶夫斯基小说中提炼出来的剧本，与《反抗者》相比，它在您的作品序列中如何定位？

《反抗者》中的一个章节就叫作《群魔》[2]。多亏这次改编，其中的内容在舞台上得到了阐发。

您知道，斯坦尼斯拉夫斯基[3]曾经"以艺术之名"为他把陀思妥耶夫斯基原样搬上舞台的尝试进行辩护。另外您也知道高尔基因为反对其改编而在1913年写下的那些信件[4]。《群

1 指陀思妥耶夫斯基在《卡拉马佐夫兄弟》的章节"宗教大法官"中折射出政教勾结造成的邪恶。

2 该节标题在《反抗者》最终发表时被修改为《三个着魔者》。《群魔》是手稿中该节最初的标题。

3 康斯坦丁·谢尔盖耶维奇·斯坦尼斯拉夫斯基（Konstantin Sergeyevich Stanislavski, 1863—1938）：俄国导演、戏剧理论家。创建了莫斯科艺术剧院，改编、导演过陀思妥耶夫斯基的多部作品。对于俄国戏剧舞台上是否应该表演陀思妥耶夫斯基的问题，与高尔基进行过激烈争论。

4 1913年，斯坦尼斯拉夫斯基建立的莫斯科艺术剧院决定上演陀思妥耶夫斯基的《群魔》。远在意大利的高尔基对此表示强烈反对。他先后往俄国寄送了多篇文章，试图阻止陀思妥耶夫斯基的作品公演。高尔基认为，陀思妥耶夫斯基"是一个伟大的折磨者和具有病态心理的人，他喜欢描写那些黑暗的、混乱的、讨厌的灵魂"。陀思妥耶夫斯基笔下的人物都"是遭到极度歪曲的灵魂，丝毫没有值得欣赏之处"，而且"这种畸形丑恶是会传染的，会向别人灌输对生活、对人的憎恨"。"这种演出在美学上是有问题的，在社会作用上是绝对有害的，'我'建议所有健康的人、所有懂得俄国生活必须健全化的人抗议在舞台上演出陀思妥耶夫斯基的作品。"

魔》曾被认为是一部反对革命者的论战手册，基于同样的理由，这部小说至今依然没有在苏联重版过。您对这一问题的看法是什么？

斯坦尼斯拉夫斯基是对的。高尔基只对了一半。《群魔》首先是一部艺术作品，其次是一部反对而且仅仅反对虚无主义革命者的论战手册。

在将小说转换成戏剧时，您究竟是紧跟小说的步伐，还是相反享有对作品改编的一切自由呢？

整部小说，除了某几个出现了省长及其夫人的插曲，都在戏剧结构中得到了重新调配。

比如，您是怎么处理斯塔夫罗金的忏悔的？

我把它放在了出书时因为担心审查问题而被删掉之前原本所在的位置：在第二部分。因此，这段忏悔代表了其行动的心理症结。另外，我还使用了《关于〈群魔〉的笔记》（有五百多页）。

这出戏您是如何架构的？

三个部分。五十多场，分成十几个布景。三十多个演员。

您如何解决时间问题的？

不像《战争与和平》，陀思妥耶夫斯基笔下不存在时间的延续性，而是各种激烈的凝缩，是一连串的情感高潮。在我看来，这是真正的戏剧节奏。我只需模仿即可。

加缪谈《群魔》[1]

1 月 30 日《群魔》就将出现在安托万剧院的海报上了。人们将恨不得说："又是陀思妥耶夫斯基！"阿尔贝·加缪，为什么"又是陀思妥耶夫斯基"？

好吧，我相信这是因为存在许多陀思妥耶夫斯基的戏剧改编作品。不过，或者这只是人们的某种印象。归根结底其实并没有那么多。因为除了科波改编的《卡拉马佐夫兄弟》[2]（二十年前我自己也曾排练过），另外还有一个年轻剧团在非

1　该访谈为法国广播电视台 1959 年 1 月 24 日在巴黎安托万剧院对加缪进行的电视采访，仅有录像存世，根据录像整理。

2　雅克·科波 1911 年将《卡拉马佐夫兄弟》改编成了剧本。加缪年轻时在团队剧团演出《卡拉马佐夫兄弟》时使用的就是科波的剧本。

常出色的状态下改编的《群魔》，以及我相信是雅克·莫克莱尔[1]改编的《永远的丈夫》，除此之外就没多少了。啊！我忘记了最近在巴黎改编的《被侮辱与被损害的》。不过说到底并没有那么多。

为什么这位从来没有为剧场写过任何东西的作家，对于许多戏剧人来说却显得相当性感呢？

好吧，除了性感，对吧，我相信这是因为他是一个真正的戏剧人，他通过对话，通过一些极其精确的演出指示推动情节，他小说中的时间延续性与例如托尔斯泰在其作品中设计的小说时间完全不同。那是一种通过爆炸、通过收缩、通过凝练形成的时间，因此是典型的戏剧时间。

我猜想，尽管在《群魔》中串联着一条戏剧线索，您还是会发现自己面对着巨大的物质困境，毕竟这是一部超过一千页的小说。

我相信它差不多有一千两百页，这自然就意味着一些

1　雅克·莫克莱尔（Jacques Mauclair，1919—2001）：法国剧作家、导演兼演员。1955 年将陀思妥耶夫斯基的小说《永远的丈夫》改编成戏剧并作为导演将其搬上了香榭丽舍剧院的舞台。

牺牲。不过我必须要说，我刚才说的陀思妥耶夫斯基在戏剧方面的技术性给予了我极大的帮助。换句话说，每一幕都被一种戏剧作家所渴望的方式引导着，同时每一幕都在戏剧突转中结束，对我而言只需把它们一块儿存起来就可以了。

在《群魔》的小说里有很多的人物，我估计您也不得不牺牲其中的一些角色吧。

好吧，看起来非常稀奇，我并没有牺牲很多，我的意思是我也许牺牲了六七位在我看来相对次要的角色。至于其他人，他们在改编中都出现了，他们的每一幕或者每一场，如果可以这么说的话，都能在改编中找到小说的回响。

《群魔》是一个有吸引力的书名，不过准确地说它到底意味着什么？它是否包含了戏剧的主题？

它包含了戏剧的主题，这是《圣经》里的一个讽喻，准确地说是《路加福音》中的一个片段 [1]，其中影射了一些

1　语出《新约·路加福音》第八章第二十七至三十九节："耶稣上了岸，就有城里一个被鬼附着的人，迎面而来，这个人许久不穿衣服，不住房子，只住在坟茔里。他见了耶稣，就俯伏在他面前，大声喊叫，说，至高神的儿子耶稣，我与你有什么相干。求你不要叫我受苦。是因耶稣曾吩咐污鬼从那人身上出来。原来这鬼屡次抓住他，他常被人看守，又被铁链和脚镣捆锁，（转下页）

被魔鬼附身的人最终被耶稣（因此也就是被福音）治愈了。您自然可以从中辨认出陀思妥耶夫斯基伟大的思想和伟大的信仰。

我看到了海报，阿尔贝·加缪的名字使用了比陀思妥耶夫斯基的名字更粗大的字体来表现，所以您并没有躲在陀思妥耶夫斯基身后，这到底是一出阿尔贝·加缪的戏剧还是一部陀思妥耶夫斯基的作品呢？

好吧，我没有看过海报，因为我没有时间关心这件事情。我要是看到的话，我会指出必须反过来，这样我就真的为陀思妥耶夫斯基让路了。

（接上页）他竟把锁链挣断，被鬼赶到旷野去。耶稣问他说，你名叫什么。他说，我名叫群。这是因为附着他的鬼多。鬼就央求耶稣，不要吩咐他们到无底坑里去。那里有一大群猪，在山上吃食。鬼央求耶稣，准他们进入猪里去。耶稣准了他们。鬼就从那人出来，进入猪里去。于是那群猪闯下山崖，投在湖里淹死了。放猪的看见这事就逃跑了，去告诉城里和乡下的人。众人出来要看是什么事。到了耶稣那里，看见鬼所离开的那人，坐在耶稣脚前，穿着衣服，心里明白过来，他们就害怕。看见这事的，便将被鬼附着的人怎么得救，告诉他们。格拉森四围的人，因为害怕得很，都求耶稣离开他们。耶稣就上船回去了。鬼所离开的那人，恳求和耶稣同在。耶稣却打发他回去，说，你回家去，传说神为你作了何等大的事。他就去满城里传扬耶稣为他作了何等大的事。"楷体部分正是陀思妥耶夫斯基本人在《群魔》的题记中引用的内容。

答让·克劳德·布里斯维尔 [1]

您是在您人生中的哪个时期明确意识到了您的作家志向的？

"志向" [2] 这个词也许不太准确。我在十七岁左右的时候想要成为作家，与此同时，我心里隐约知道，自己以后会成为作家。

您当时想过某种第二职业吗？

教师职业。因为急需收入。不过我总想拥有某种第二职业，以此确保我工作的自由。

1　该访谈最初刊载于让·克劳德·布里斯维尔的《加缪》一书，1959 年 4 月 10 日由伽利玛出版社出版。

2　"志向"（"vocation"）：在法语中该词意为"志向、使命、天职"，本意是基督教中的"圣召、感召"，因此是一个"大"词。

在写作《反与正》[1]时,您对您在文学领域的未来形成过某种概念吗?

在《反与正》之后,我怀疑过。我曾想放弃。然后一种生命的力量,辉煌的力量,想要在我体内表达出来:我写下了《婚礼》。

为了调和您创作者的工作与您自认为必须扮演的社会角色,您感觉有困难吗?这对您而言是不是一个重要的问题?

当然。不过"社会关切"在我们的时代最终变得如此面目可笑或可憎,以致它帮助我们从这个问题中稍稍解脱出来。尽管如此,当别人被塞住嘴巴或关进监狱的时候,写作就成了一种微妙的练习。为了名誉不失,在任何方面都必须记住,作家为他的作品而活,为各种自由而战。

身处您的作家人格中您觉得舒适吗?

在我的私人关系中非常舒适。不过我从来都不喜欢这份职业公共的一面,它正变得让我无法忍受。

---

1 《反与正》是加缪从 1935 年开始创作的一部散文集,1937 年 5 月由阿尔及利亚夏尔洛出版社出版,是加缪正式出版的第一部作品。

假如为了某种理由您必须停止写作，您认为您依旧可以快乐美满吗？您在《卡利古拉》中提到的"大地与脚掌简单的融洽"是否足以弥补文字表达时的那种幸福呢？

更年轻的时候，我也许可以不写作也过得快乐美满。哪怕在今天，我依然拥有巨大的天赋去感受那种无声的幸福。不过现在我必须承认，没有我的艺术，我大概没法再生活下去。

您是否认为，您早早取得的成功——从《西西弗斯神话》开始，不管您愿不愿意，您已经被视为"思想导师"——赋予您的作品某种特殊的方向呢？总之，您认为您会写下您在某种相对缺少名气的状态中构思的作品吗？

当然，名气改变了许多东西。不过，关于这一点，我并没有太多情结。我的原则始终非常简单：拒绝一切可以悄悄拒绝的东西；不进行任何钻营，既不求出名也不求无名。默默接受出名或者无名，如果它们来了，也许是二者一起来的。至于"思想导师"，这让我很想笑。为了教育别人，必须自己知道。为了引导别人，必须自己先把路走一遍。

不过，在写下我的所有书之前，我确实已经体验了名声的束缚。最明显的结果就是，我曾不得不而且依然不得不在我的作品问世时与全社会争吵。我做到了，但代价巨大。

您认为您主要的作品已经写完了吗？

我今年四十五岁，我依然拥有足够惊人的活力。

您作品的内在发展是否遵循某种提前详细规划的总体计划，还是说您是随着您的写作逐渐发现了这一计划的？

兼而有之。有一个计划，而一方面是时局环境，另一方面是具体实施，都在改变着它。

您的工作方法是什么？

笔记，小纸片，模糊的梦话，这一切会持续好几年。有一天，想法、构思不期而至，把这些散乱的微粒凝结起来。于是一个漫长而艰辛的整理工作开始了。因为我内心过于无序而更显漫长。

在您写作一部作品的过程中，您会感觉到有谈论它的需求吗？

不。有时当我以意料之外的方式完成作品时，我对自己并不感到满意。

作品完成后，您会不会去询问某个朋友的意见，还是仅限于您自己的看法？

我有两三位朋友，他们会阅读我的手稿并把他们不喜欢的地方标记出来。十有八九是他们有道理，然后我就改。

在您的作家工作中，您最喜欢哪个时刻？（构思，初稿，反复修改？）

构思。

您有没有在艺术家身上发现肉体生命与灵感（或者他工作的本质）之间的某种关联？如果有的话，在您身上，这种关联是什么？

在旷野与阳光下的肉体生命、体育运动、身体均衡，这些对我而言是智力工作的最佳条件。说真的，我极少感到自己身处这样的条件之中。不过，我终归知道，创造是一种智力与肉体的纪律，是一种对精力的磨炼。我从来没有在身体失序或萎靡时做出过任何东西。

您工作规律吗？

我在为此努力。当一切顺遂时，每天上午工作四到五个小时。当一切都不顺心……

当您把工作推延到第二天的时候，您感觉对您自己犯下了过错吗？

是的。我感觉自己错了。怎么说呢？我不爱我自己了。

在您的作品中有没有哪位角色对您而言特别珍贵？

玛丽。多拉。塞莱斯特[1]。

在您的作品中似乎存在两大人物家族：第一种，由卡利古拉阐明，似乎在回应某种对于强烈个性的癖好；第二种，可以由默尔索代表，回应了某种消隐的欲望。您能够在

---

[1] 玛丽是《局外人》中默尔索的女友。多拉是《正义者》中的女主人公。塞莱斯特是《局外人》中默尔索的好友。

您自己身上辨认出这种双重倾向吗？

是的。我偏爱活力与征服。不过对于我得到的东西，我很快就厌倦了。这是我巨大的弱点。我同样喜爱无名与消隐。不过生活的激情把我再次抛向前方。总之，我走不开。

作为创造者，小说、随笔或戏剧，在这些手段中哪一种给您带来了最大的满足？

把所有这些手段结合起来去为同一部作品服务。

根据您写的一些东西，似乎您在戏剧中看到了一种生活的艺术。您同意这个观点吗？

这是实话。艺术的诸多价值在戏剧中得到了体现。

您认为，在您的作品中有没有某个您认为非常重要的主题被您的评论者忽略了？

幽默感。

您用什么样的眼光看待您已经完成的那部分作品？

我从不重读它们。这一切对我而言已经死了。我想做些别的东西。

在您看来，如何辨别创造者？

更新之力。也许他总是说着同样的东西，但他坚持不懈地更新着形式。他对重复的韵脚深恶痛绝。

有哪些作家曾经造就了——或者至少帮助您意识到您需要讲述的内容？

在现代作家中，有格勒尼耶[1]、马尔罗、蒙泰朗。古代的有帕斯卡尔和莫里哀。19世纪的俄国文学。西班牙作家。

您认为造型艺术具有怎样的重要性？

我原本想做雕塑家。雕塑对我而言是各种艺术中最伟大的。

1　让·格勒尼耶不但是加缪的高中哲学老师，也是一位当时文坛颇有名气的作家，写过许多哲学与文学著作。加缪不但细致研读过他这位导师的作品，之后还在伽利玛出版社推动过相关作品的出版，并曾为格勒尼耶的《岛屿》一书作序。格勒尼耶对于地中海世界的赞颂引起了加缪极大的共鸣。

音乐呢?

年轻时,我完全沉醉在音乐之中。今天,只有极少的音乐家打动我。但莫扎特始终如一。

您对电影有何看法?

您呢?

一位艺术家经常由于误解而被赞赏。什么是最让您生气的恭贺之辞呢?

诚实,良心,人性,总之,您知道,那些现代漱口水。

在您看来,您个性中最鲜明的特点是什么?

这取决于不同的日子。不过,常常是一种笨重而盲目的固执……

在您看来,人类身上的什么特点被您摆得最高?

智慧与勇气的混合,总体来说相当罕见,但我非常喜欢。

您的近作《堕落》中的主人公，似乎灰心丧气。这是否表达了您目前的想法呢？

我的主人公确实灰心丧气，这就是为什么他作为一个善良的现代虚无主义者会去歌颂奴役。而我，我选择过歌颂奴役吗？

您曾经写过："我的世界的秘密：想象上帝但却不想灵魂的永生。"您能否详细阐明您的想法呢？

可以。我对神圣的事物是有感觉的，但不相信来生，就是这样。

活着的单纯乐趣会让人精力分散，而艺术创作的使命则要求纪律，在您看来，前者难道不会畏惧后者吗？

哎，是的。我喜欢那些阳光灿烂的日子，喜欢自由自在的生活……这就是为什么纪律严厉而且必要。这就是为什么有时候违犯纪律也是好的。

您有没有某种生活准则——还是说您是根据某一刻的情况和反应临时安排某种生活准则？

我为了纠正自己的本性，给自己制订了严格的准则。但到了最后，我服从的还是我的本性。结果并不出彩。

例如，在诺贝尔奖之后，您曾经成为媒体的目标，在那些人格攻击面前，您最开始的反应是什么？

啊！最开始是痛苦。一个没有在人生中进行过任何挑唆的人，突然受到过度的夸赞和过度的侮辱，这对他而言同样难以忍受。然后，很快地，我重新收获了一种看法，靠着它我得以忍受一切不利局面：这些东西都是命中注定的。您知道一位伟大的孤独者（尽管这不是他的本意）说过的一句话吗？"他们不爱我。这就是不去为他们祝福的理由吗？"[1] 不，在某种意义上，发生在我身上的都是好事。而且，这些嘈杂的新闻事件都是次要的。

在您人生的这个阶段，您会表达什么愿望？

尼采说："通过那些给人活力并令其恢复元气的过剩力量，不幸本身也拥有某种太阳的光彩，并孕育其自身的慰

---

[1]　出自弗里德里希·尼采的遗稿，加缪在 1957 年 10 月获得诺贝尔文学奖之后曾在笔记中专门抄录过这句话。

藉。"[1] 这是真的,我知道,我体验过。我仅仅要求把这种力量与过剩重新给予我,每隔一段时间,至少⋯⋯

1　加缪在 1958 年年初的笔记中抄录了这句话。

阿尔贝·加缪最后的口信 [1]

美苏代表之间的"峰会" [2] 是否让您对有可能超越"冷战"、超越两大敌对阵营的世界划分抱有希望?

不。权力让掌握它的人疯狂。

您认为在资本主义与共产主义政体之间有"和平共处"的可能性吗?

再也没有什么纯粹的资本主义政体或者共产主义政体了。只有一些共存的强权,因为它们正变得令人恐惧。

---

1 1959 年 10 月,阿根廷布宜诺斯艾利斯的《重建》杂志给加缪寄了一份问卷,加缪完成后于 1959 年 12 月 29 日寄出,并于 1960 年 1 月 13 日送达,以西班牙语发表在 1960 年 1 月的《重建》杂志上。之后,该访谈又以"阿尔贝·加缪最后的口信"为题以法语发表在 1960 年 5 月第 54 期《自由》杂志上。

2 指苏联领导人赫鲁晓夫 1959 年访美并与美国总统艾森豪威尔会谈,试图减少双方的敌对情绪。

您认为，对于其他国家而言，只能在"美国或苏联"之间二选一吗？又或者您设想过有可能存在第三种立场吗？如果您信赖这第三种立场，如何描述或定义它呢？

我信赖一个统一的欧洲，同时依靠拉丁美洲，以及之后——当民族主义毒素丧失其力量之时——依靠亚洲和非洲。

另一点，您觉得为了征服太空而进行的努力[1]是积极的吗？许多人觉得更应该把发展火箭和卫星的大笔资金花在地面上，用以补救我们星球大片区域长期的营养不良，您认为这样的看法落伍吗？

科学的进步有好有坏。我们对此无能为力。不过，我们至少可以说，面对那些在技术角度卓越而在政治角度卑鄙的成就，没有什么值得夸耀和愉悦的地方！

对于人类的未来您怎么看？为了通向一个更少被生活所需压迫并且更加自由的世界，应该怎么做？

给予，当有能力的时候。不去仇恨，如果能够的话。

1　苏联在 1957 年 10 月 4 日发射了第一颗人造卫星"斯普特尼克一号"，导致了美苏激烈的太空竞赛。

最后的访谈 [1]

在您的作家工作中，操心如何成为您这代人的引路人这一点是不是一直在指引着您？

对不起，不过这类评价总让我觉得滑稽。我不为任何人说话：为了找到我自己的语用方式，我做了太多太多。我也不为任何人指路：我不知道，或者不太清楚自己去往何处。我并不生活在三脚架上：我迈着和这个时代街上所有行人同样的步伐。我提的问题正是我这代人都在提的问题，就是这样，所以如果他们读我的书，从中发现这些问题，那是十分正常的事。镜子反映情况，但并不教导什么。

---

1 1959 年 8 月，纽约的《冒险》杂志向加缪寄出了一份问卷。加缪在完成后，于 1959 年 12 月 20 日寄回。在加缪 1960 年 1 月 4 日意外车祸去世后，该杂志决定将当年第四期春夏号改为特刊纪念加缪，刊名为《阿尔贝·加缪：1913—1960。最后的访谈》。该访谈也首次在特刊中刊载。

体育运动给您提供过哪些道德教益？

忠实服从于某种大家共同规定并且自愿接受的游戏规则。

尽管您不喜欢谈，不过还是想问，从抵抗运动中得出过哪些道德教益？

我不喜欢退伍军人的方式。如果我必须对这些年获得的经验加以使用，我会以艺术的形式去使用它。

您认为，相比于热尔曼妮·布莱[1]，法国批评家在您的作品中忽略了什么？

阴暗之处，我身上盲目与本能的一面。法国批评家首先感兴趣的是思想。不过，相较而言，研究福克纳的时候能不去思考他作品中"南方"[2]的意义吗？

哪怕您反对把作者及其笔下的人物视为一体，您的阿

---

1 热尔曼妮·布莱是法裔美国学者，加缪研究专家。加缪对她的研究成果颇为看重，评价极高。

2 福克纳小说中的"南方"即美国南北战争之前的南方蓄奴州，是其小说的根本要素与氛围，包括密西西比河、庄园、黑奴等。

尔及利亚出身以及您对于全人类苦难的个人化看法难道没有将您置于"局外人"的立场之中吗?

从天性上来说,我当然是这样的。不过,出于意愿和反思,我尽力不让自己脱离我的时代。

您认为政治介入对于一位作家来说没有重要性吗?

这很好笑,但我并不觉得自己在政治上是脱节的。在我看来,今天那些孤独者都身处极权主义政党之中。而我们可以拒绝做一个狂热信徒,却不必停止做一个政治积极分子。

曾经有人认为您不是一个写哲学随笔的小说家,而是一位兼写小说的哲学家。在您看来,类似《西西弗斯神话》《反抗者》这类著作与您的虚构类作品之间的关系是什么?

恰恰是为了避免体裁混淆,我才使用不同的方案进行写作。我用动作性措辞撰写剧本,用理性的形式书写随笔,基于内心的晦暗去创作小说。的确,这些彼此差异的书籍谈论着同样的事情。不过说到底,它们的作者是同一个人,而且它们加在一起构成了唯一一部作品——这经常让我失望,而且我非常真诚地把它交给评论家去判断。

您曾经写道："……戏剧不是游戏……"对于您的那些虚构性作品，难道不能用上同样的话吗？这种美学观念是否限制了您试图书写的经验种类呢？

我不是太理解这个问题。我在自己前前后后的书中使用过完全不同的美学和风格。作为艺术家，我痛苦地感到自己深受天赋与弱点所限，但从来没有觉得被无论哪一种美学限制过。风格对我而言仅仅是一些手段，为一个我也不太了解的独特目的服务。

根据诺曼·梅勒[1]在《白色黑人》中的看法，无意识的思维方式构成了法国思想的特点。这种疏离的眼光创造了"一种无神论神学，并且提出，在一个荒诞的世界里，存在的荒诞性是最严密的"。是否正是出于这一理由，您与存在主义哲学保持了距离呢？

梅勒有道理。在我们这里，存在主义通向一种没有上帝的神学以及一种经院哲学，它们最终不可避免地引发了宗教裁判所制度。

1　诺曼·梅勒（Norman Mailer, 1923—2007）：美国作家。1957 年发表《白色黑人：关于非主流文化的浅层思考》一文，探讨了黑人文化的价值，引起了巨大争议。在该文中梅勒讨论了美国存在主义与法国存在主义的差别，认为"法国人，对自己与潜意识的疏离毫无感受，才能在感受不到存在主义的情况下接受存在主义哲学"。

尽管您对存在主义的结论不予赞同，您是否赞成其逻辑前提呢？

如果说存在主义的逻辑前提是在帕斯卡尔、尼采、克尔凯郭尔和舍斯托夫笔下找到的（我也这么认为），那么我赞同这些前提。如果说结论是我们那些存在主义者的结论，那么我无法苟同，因为这些结论与前提矛盾。

这个问题涉及瓦尔多·弗兰克[1]的一个评价："加缪清晰地提出了问题：人类需要了解启示，而现代人再也无法拥有它。"

对于我所谓的"现代人"，是的。不过我不确定自己是否现代。

援引《反抗者》中对于美国小说的评价[2]，提出关于美国小说的一系列问题。

---

1 瓦尔多·弗兰克（Waldo Frank，1889—1967）：美国作家。《纽约客》杂志撰稿人，发表过一系列关于欧洲文学的文章。

2 加缪在《反抗者》第四章《反抗与艺术》中的"小说与反抗"一节中对美国小说进行了评价，相对较为负面，认为美国小说与普鲁斯特是对立的两个极端，"从外部刻画人"，无法深入人物内心，过于简单，沦为一种"悲怆但贫瘠的抗诉"。随着对福克纳小说的发现，加缪在 20 世纪 50 年代中后期逐渐改变了对美国文学的否定性看法。故此加缪在回答中对他在《反抗者》中的评价进行了修正。

一、不，美国小说在我看来正在朝复杂性演化。这可以理解，头脑简单令人生厌。二、任何抗诉都有其丰饶之处。真正贫瘠的东西，是把人类简化为他的抗诉。三、福克纳对我而言依然是你们现存的大作家。我刚刚读了《寓言》。梅尔维尔以降，没有任何法国作家谈论苦难如同福克纳一样。

两个关于小说即将死亡的问题，萨洛特、西蒙、罗伯－格里耶的"新小说"[1]，以及"新小说"与他们对《堕落》的研究之间的关系。

对于故事的兴趣只会随着人类自身的灭亡而消失。这对于不断寻找新的叙述方式并无妨碍，您所提到的这些小说家去探查新路是有道理的。就我个人而言，所有的写作技巧都让我感兴趣，而我对技巧本身毫无兴趣。举个例子，如果我想写的书需要，我会毫不犹豫地使用您谈到的这种或那种技巧，或者两个一起用。现代艺术的误区就在于，几乎总想着让手段先于

1　娜塔莉·萨洛特（Nathalie Sarraute，1900—1999），克洛德·西蒙（Claude Simon，1913—2005）以及阿兰·罗伯－格里耶（Alain Robbe-Grillet，1922—2008）均为法国新小说代表人物。该流派因罗伯－格里耶 1963 年出版的宣言式文论《为了一种新小说》而得名，书中的系列文章在 20 世纪 50 年代末便开始在杂志上连载，提出要书写一种反传统的、非巴尔扎克式的新小说，强调一种小说家从叙事中退隐的写作手法，引发了关于小说之死、作者之死的系列讨论。

结果，形式先于内容，技巧先于主题。之所以艺术技巧让我激动，之所以我努力掌握所有这些技巧，恰恰是因为我想要能够自由地运用它们，把它们化为工具。总之我不认为《堕落》能够与您谈到的那些研究发生关联。这简单得多。我在其中运用了一种戏剧技巧（戏剧性独白与暗示性对话），以此描述一个悲剧演员。我让形式去适应内容，就这样。

您的哪一部作品最让您满意？

我从不重读我的作品。我总想做些别的东西，我想做这些事……

在出版社工作是一个在法国流行的传统，而这种传统在我们美国并不存在，您在伽利玛出版社工作是为了谋生还是出于哥们儿义气？

我从来都不想让自己的物质生活依赖于我写的书，以便我写的书也不必依赖于我的物质生活。这就是为什么我一直拥有一个第二职业，十六年来[1]，伽利玛出版社的审读工作也让我享受到了我所需要的一切自由。

1　加缪从 1943 年开始在伽利玛出版社负责审稿工作。